総理の覚悟

政治記者が見た短命政権の舞台裏

五郎
moto Goro

Chuko Shinsho La Clef
496

中央公論新社

まえがき

前著『総理の器量』（中公新書ラクレ）を出したとき、兄に言われました。「阿部眞之助は超えたが、岡義武にはまだだな」と。阿部眞之助は元毎日新聞記者でＮＨＫの会長になった政治評論家です。『近代政治家評傳』や『現代政治家論』という名著があります。岡義武は東大教授で、近代日本政治史の大家です。『近代日本政治史』や『山県有朋』『近衛文麿』など数々のすぐれた作品を残しました。私は二人の足元にも及びませんが、肉親として激励したかったのでしょう。岡さんの著作の中で一番好きなのは『近代日本の政治家』（現在は岩波現代文庫）です。血も涙もある政治指導者論として並ぶものがない傑作だと思います。

伊藤博文、大隈重信、原敬、犬養毅、西園寺公望の五人を取り上げ、それぞれの性格に焦点を合わせながら、直面した政治状況のもとでどんな役割を果たしたか、いかんともしがたい運命にどう立ち向かったかを描いています。例えば、強い自負心を持っていた伊藤博文はこう言っていたと紹介しています。

「他の者たちは皆一家の計を考える。役所にいるときは国のことを考えるが、帰宅すれば半分は自家のことを考える。俺は芸妓と遊んで居る時でも、酒を飲んで居る時でも、人と冗談を言ふて居る時でも、俺の頭からは始終国家と云ふ二字が離れた事は無い」

「民衆政治家」と呼ばれた大隈重信が八五歳で亡くなると「国民葬」が営まれました。そのときの拝礼者は三〇万人を超えました。葬列の通った早稲田から護国寺までの沿道は一五〇万人の人々で埋め尽くされ、墓前には一ヶ月経っても一日三〇〇〇人の参拝者があったというのです。それに対し、板垣退助は大隈の死に先立つ二年半前、八三年の生涯を寂しくひっそりと閉じました。でも、岡さんはこう書くのです。

〈板垣が死んだとき、五名の盲人が盲人総代として通夜をしたいと申し出た。（中略）葬儀の当日には柩は彼の恩顧をうけた力士たちに担がれて葬儀場に運ばれた。板垣の死と葬儀を報じた新聞の記事は簡単である。それは、彼がすでに一般の世人からは忘れられた存在になっていたことを示している。それでも、芝の青松寺の葬儀には参会者は三千名に上った。いくら寒い冬の日でも夕陽はやはり輝くのである〉

原敬は個人としては「寡慾清廉の人」であったが、政友会の党首としてはきわめて大胆に利権に近づくことを辞さなかった。ある夜、後輩の政治家が原を私邸に訪ねて時局問題を話したところ激論となり、訪客は憤然として別れを告げて飛び出した。ところが、門を出ようとしたとき、背後から原は呼び止めた。「気をつけて帰り給へ。門を出ると途中に大きな穴があるから、落ちないやうに用心し給へ。危いから」。直前までの激論を忘れたかのような温情の籠もった言葉に後輩の政治家は感動して、爾来原に心服するようになった。

『近代日本の政治家』にはこんなエピソードが満載されています。『総理の器量』と『総理の覚悟』を書くにあたって、少しは岡さんに見習いたいとは思いましたが、とてもできることではありません。そこで、「まえがき」で岡さんの本からおもしろいところを拝借し、お茶をにごそうと思ってしまったのです。

『総理の覚悟』は第一次安倍晋三内閣以降の総理大臣を取り上げました。前著と同じように、全体像を描くことを目指したのではありません。あくまでも私自身が取材を通じて抱いた印象記のようなものです。後世の評価に耐えるようなものではありませんが、その時々の総理が何を目指したのか、何が間違っていたのか、世間の評価におかしいところはなかったのか。そんな発想のもとに、戦後政治のなかでどう位置づけられるのかということも考えながら綴ったものです。

内閣によって粗いところ、詳しいところ、さらには評価が厳しすぎるところ、甘いところなど、かなりばらつきが出たかもしれません。前著も含めて私が一番言いたかったことは、政治は誰がやっても同じなどということは決してないということです。そのときの指導者が誰であるかでまったく違ってくるということです。能力、時の運もありますが、指導者がどんな「覚悟」をもって、どれだけ周到な準備をし、そのため日々血のにじむような努力を重ねてきたかが問われるということです。現役の政治家の皆さんや政治家たらんとする皆さんに、そのことを強く訴えたいと思います。

二〇一四年五月

読売新聞特別編集委員

橋本五郎

総理の覚悟
政治記者が見た短命政権の舞台裏

目次

第三章 「歴史的汚名」を覚悟し野田佳彦にみる「消費増税」 73

第六章

福田康夫にみる「見果てぬ夢」

天の岩戸の「大連立」

149

編集協力／南山武志
図表作成・本文ＤＴＰ／今井明子

総理の覚悟

政治記者が見た短命政権の舞台裏

各章扉ウラの「支持・不支持」のグラフは読売新聞調査による

第一章

「細い穴」に針を通して

第一次安倍内閣にみる「芸術としての政治」

第一次安倍内閣の出来事

2006. 9.20	安倍晋三氏が自民党総裁に
9.26	安倍内閣が発足
10. 8	安倍総理が中国を訪問し、胡錦濤国家主席と会談
10. 9	総理、韓国を訪問し盧武鉉大統領と会談。北朝鮮が核実験実施を発表
10.18	教育再生会議が初会合
12. 4	自民党が、「郵政民営化造反組」衆院議員のうち、11人の復党を決定
12.15	改正教育基本法、防衛庁の省昇格関連法が成立
12.27	佐田内閣府特命担当相が、自身の政治団体の不適切な会計処理で辞任
2007. 1. 9	防衛省が発足
1.27	柳沢厚生労働相が松江市の講演で、女性を「産む機械」に例える
5.14	憲法改正の手続を定める国民投票法が成立
5.18	集団的自衛権をめぐる事例研究を行う「安全保障の法的基盤の再構築に関する懇談会」初会合
5.28	松岡農相が自殺。多額の光熱水費計上で追及されていた。後任に赤城徳彦氏
7. 3	久間防衛相が長崎への原爆投下を「しょうがない」と発言した責任を取って辞任
7.29	参院選で自民党惨敗。総理は続投を表明
8. 1	赤城農相を更迭
8.27	内閣改造
9. 3	遠藤農相が補助金不正受給問題で辞任
9.12	総理が辞意を表明

第一次安倍内閣／支持・不支持

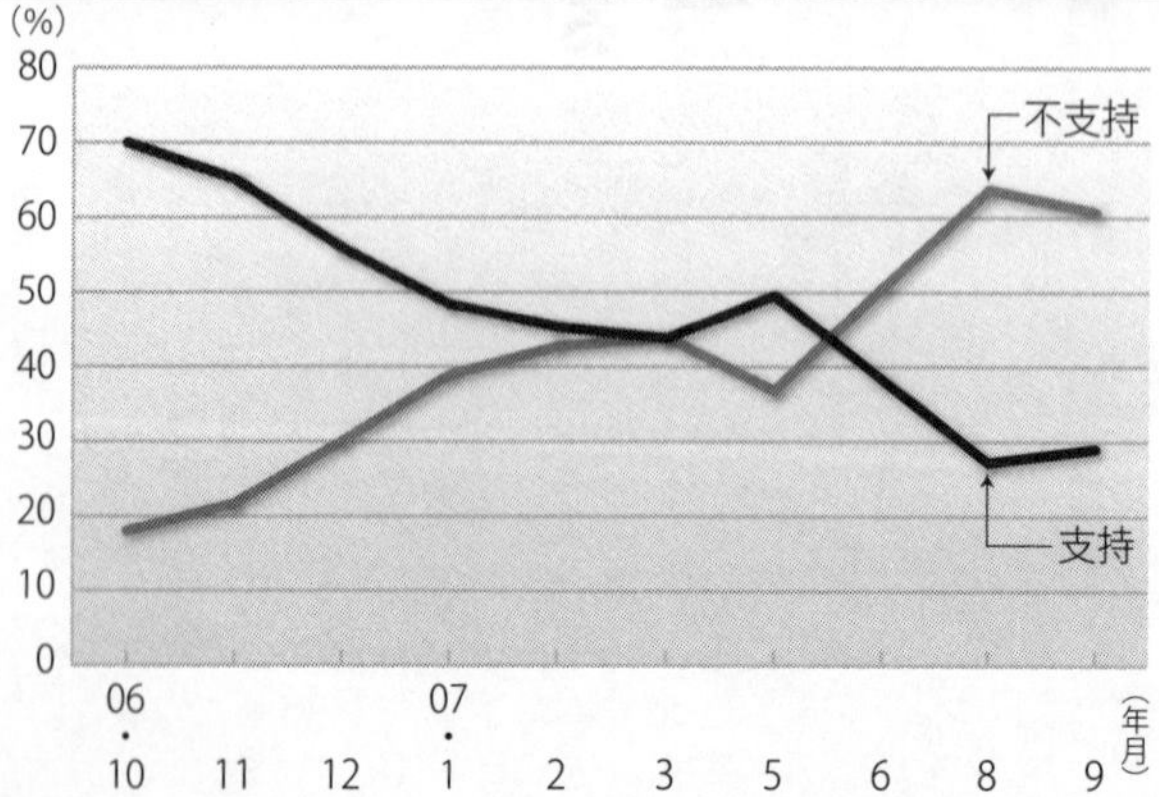

「矛盾」を内包した船出

五年五ヶ月の長期政権を誇った小泉純一郎内閣を継ぎ、二〇〇六年九月二六日に誕生した第一次安倍晋三内閣は、各種世論調査で七割近い支持を得て船出した。人気の高い小泉前総理の事実上の「指名」を受けた形の若き宰相に対する期待は高く、その前途は洋々にも見えた。だがその実、この内閣はいくつもの「矛盾」を抱えていた。最初から「悲劇」の芽は胚胎していたのである。

問題の芽は、「ポスト小泉」争いの時期に、すでに顔を出していた。後任を決める自民党総裁選で、安倍は七割近い票を得て圧勝する。これにより、新総裁は「七割支持の呪縛」から逃れられなくなってしまった。「呪縛」というのは、あまりに期待が大きすぎ、期待と実現可能性との落差、プレッシャーに苛まれるということだけではない。対抗勢力が不在なことによって、本人も周囲もいろいろな意味で研ぎ澄まされていかない、ということも含まれる。圧倒的勝利はその後の政権運営を考えると決して望ましいことではないということは安倍内閣にも当てはまる。

総理官邸で記念撮影に臨む第一次安倍内閣。2006年９月26日（写真提供：読売新聞社）

〇五年九月の民主党代表選で、前原誠司は菅直人にわずか二票差で勝ち、新たな代表に選ばれた。まさに「薄氷の勝利」だった。しかし、接戦だっただけに、代表選を通じて鍛えられ、その後の政治運営で慎重にならざるをえなくなる。第一次安倍政権もそんな選挙だったなら、自らのマニフェスト（政権公約）を精査し、相手に弱点を衝かれないよう用心したであろう。戦うことで政策も政治家としての人間も練磨されるのである。

アメリカ大統領選挙は、民主、共和両党候補の選出から大統領選まで通常一年の長きにわたる。オバマとヒラリー・クリントンが民主党の指名を争ったときには二年も続いた。その是非はあるだろう。しかし、それによって、大統領たる資格・力量があるのか、お金や女性問題などスキャンダルはないのか、政策の実現性はあるのかが白日のもとに晒される。リーダーとして〝洗滌《せんじょう》〟（クリーニング）されるのである。

ところが第一次安倍政権は、安倍人気と小泉の〝お墨付き〟もあって、厳しい批判に晒されることがなかった。それがアキレス腱となって政治運営に響いてしまうのである。

綻《ほころ》びは〇七年が明けないうちに、早々と露わになった。〇六年一二月四日、前年の「郵政国会」で、小泉内閣が提出した郵政民営化法案に反対して自民党を除名されたいわゆる「造反組」一一名の復党を決めた。しかも安倍は「お帰りなさい。新たな仲間として参加してもらい、大変心強く思っている」とあいさつした。小泉が切り捨てた人たちを「温かく」迎え入れたのである。

もともと安倍の政治手法は小泉とは異なる。反対する人に「抵抗勢力」のレッテルを張り、選挙では「刺客」を差し向けて容赦なく潰しにかかるような、郵政民営化で見られた小泉の手法には強い違和感を持っていたと思われる。政策的にどうかという以前に、小泉のように非情に人を切るといったことができない性格なのである。ひと言で言えば優しい性格のゆえに、造反者にも「お帰りなさい」と言ってしまった。それは人間としての温かさは感じられるにしても、政治的には大きなマイナスになってしまった。「小泉政治の継承」を約束しながら、小泉政治のもっとも根幹の部分を否定してしまったのである。世論は失望し、支持率は急降下してしまうことになる。

そもそも国のあり方や政策の根幹部分で、小泉と安倍には開きがあったと言わざるをえない。第一次安倍政権が掲げた看板は「戦後レジームからの脱却」だった。戦後のいろいろな仕組みを根本的に見直そう、例えば教育基本法についても「個人重視」から、もっと社会や国家に目を向ける方向に変えようと、改正に着手した。憲法も含めて戦後日本を規定してきたさまざまな仕組み、制度を徹底的に検証しつつ、時代にそぐわなければそこからの脱却を目指すのだという方向性を強く打ち出したのだ。そして目指したのが「美しい国」だった。

しかし、「美しい国」というのはあまりに観念的、情緒的で、どんな国家像なのかよくわからないという批判は当時からあった。ただはっきり言えるのは、小泉は、国家的規制を取り払い、民間活力を生かして成長させよう、市場経済を徹底させ、競争原理によって発展させようとした。こうした弱肉強食も厭わない小泉の「競争社会」と「美しい国」は、到底相容れない。目指すものから言えば、安倍は小泉の後継者ではなかったのである。

自民党は〇九年の総選挙で下野するまで、細川内閣、羽田内閣の一〇ヶ月を除いて五四年の長きにわたって政権党であり続けた。それを可能にした秘密のひとつが「振り子の原理」であった。総理・総裁を選ぶにあたって、前任者とタイプを変え、同じ自民党政権でありながら、あたかも政権がガラリと変わったかのように思わせる「擬似政権交代」を演出してきたのである。

「待ちの政治」の佐藤栄作から「決断と実行」の田中角栄。その角栄が金脈問題で倒れると、「クリーン三木」の三木武夫が後を継ぐ。後継を指名できる立場にあった中曽根康弘は「安竹宮（安倍晋太郎・竹下登・宮沢喜一）」の中から竹下を自分の後釜にした。トップダウンで決める「大統領型」の中曽根は、消費税導入のために、自民党内はもちろん野党にも人脈を持つ「調整型」の竹下を選んだのだった。

小泉から安倍へのバトンタッチには、伝統的な「振り子の原理」は見られなかった。目指した政治の違いはともかく、小泉政治の継承を唱えたのだから、「振り子の原理」は働かなかったのである。どうしてそうなったか。何といっても安倍が一番人気だったからだ。このときから、世論調査で人気があるかどうかが総理・総裁を選ぶ最大の尺度になってしまった。

もうひとつは、安倍自身の事情である。父、晋太郎は総理・総裁を目前にして病に倒れて夢を果たすことができなかった。「若いと言われようが、やれるときにやらなければならない。チャンスはそんなにめぐってこないかもしれない」という思いもあったろう。

「矛盾」は政権内部にもあった。安倍を支持するグループの中には、いわゆる「上げ潮派」と呼ばれる、市場経済重視を前面に掲げる人々がいた。代表格の中川秀直は自民党の幹事長に就任した。大田弘子は内閣府特命担当大臣（経済財政政策担当）として入閣した。その一方で、内閣官房副長官の下村博文や総理補佐官になった山谷えり子らのようにイデオロギー的な同志、「美しい国」路線に賛同する人たちが安倍政権のコアを形成した。経済重視とイデオロギー優先が混在したのが第一次安倍政権の特徴だったのである。

「鵜飼型」政治手法の限界

政治手法、リーダーシップの発揮の仕方についても、小泉と安倍では大きな違いがあった。小泉政治の基本は「丸投げ」だった。説明、報告はA４のペーパー一枚以外は受け付けない、後はよろしくやれ、というわけである。たった一枚できちんと説明できなければ国民も説得できないという信念があったのだろう。それはそれで大事なことだが、小泉構造改革の「本丸」だった郵政民営化も経済の構造改革も、竹中平蔵に丸投げしてしまった。

総理が丸投げすることによって、現場では竹中が司令塔となって、過大なまでの権力行使が可能になる。経済財政諮問会議という単なる審議機関が、なぜ国会以上の力を持つのかという厳しい批判を浴びながらも、背後に総理大臣の意向があるのだという、「虎の威」を借りながら竹中は辣腕《らつわん》をふるうことになるのである。

しかし、安倍は「丸投げ」をしなかった。安倍のリーダーシップについて、私はコラムで「鵜飼型」と命名したことがある。安倍晋三は舟に乗っていて、それぞれの政策を担当する鵜を放ち、一羽一羽すべて自分自身が手繰り寄せ、捕まえてきた魚を吐き出させる。鵜はそれぞれ別個に鵜匠に直結していて、気に入られようと一生懸命、魚を探す。他の鵜のことなどお構いなしに、である。

この手法には二つの問題点がある。ひとつは、丸投げ方式のようにそれぞれに権限を与えられていないので、判断に困れば舟に戻って飼い主にお伺いを立てることになる。重要な決定は、すべて総理自らが下すことになってしまう。これは大変なことである。肉体的、精神的な疲労は相当なものになるだろう。最高責任者がすべてに責任を持つのだと言えば聞こえはいいが、果たしてそれが政治指導者のあり方として健全なのだろうかという疑問は残る。

もうひとつの問題は、鵜同士の横の連携が希薄だから、相互に疑心暗鬼に襲われてしまうことだ。例えば、俺の話よりもあっちの言うことを重視しているんじゃないか、なんとか先手を打たなければならないなどというような状況になりやすいのである。第一次安倍内閣では、総理官邸の塩崎恭久《やすひさ》内閣官房長官らを中心にしたグループなど、いくつもの勢力がそれぞれ孤立して存在し、政権内部がギスギスすることになる。そうなると、政権全体がまとまって力を発揮することが難しくなってしまうのである。

やはり理想的なのは、大所高所から見る最高リーダーがいて、その意を体した人間が政策、課題ごとにしっかりした司令塔として機能し、さらにそれを支える体制があるという形ではないだろうか。トップが直接手を下すのは大方針だけにした方が、組織・体制の活性化にもつながるだろう。

第一次安倍内閣は、「お友だち内閣」と揶揄《やゆ》された。しかし、気心の知れた親しい人間を側に置いて力を発揮させるのは当たり前のことである。そのこと自体を批判するのは当たらない。問題は、その友だちが「良い友だち」なのか、それとも「悪い友だち」なのかなのである。「悪い友だち」とはどんな友だちか。自分のことばかり考えて人を支えようという気持ちがない人、あるいは尊敬されていない人がそうだろう。逆に「良い友だち」とは、己の分をわきまえ、無私の精神で総理を支えようとする人だろう。国会議員はそれぞれが選挙区の人たちに選ばれた「一国一城の主」であり難しいところであるが、自分が支えてこそ、いざというときに今度は自分が支えられるのである。

政権の運営、さらには政権の寿命にとってリーダーシップのあり方は決定的に重要な要素である。当然ながら、トップリーダーの個性が反映されるものであるし、「鵜飼型」には「鵜飼型」のメリットがある。何よりも、リーダーの意思が明確になるし、さまざまな決定も迅速になる。であるだけに、それを貫くことに伴うマイナス面への配慮が必要になる。第一次安倍政権を振り返るときに大事な視点であるように思われる。

「運の悪さ」もあった

「運も実力のうち」と言われる。政治も例外ではない。第二次安倍政権の一年目などは「ついているなあ」と思われる場面が随所にあった。二〇二〇年オリンピックの東京開催決定もそのひとつである。東京開催実現のため、各国を訪問するたびに首脳会談で東京への支持を求めるなど安倍自身が率先して誘致活動をしたことが功を奏した。しかし、それでもふたを開けるまでわからなかったことを考えると、やはり、ついていたと言える。

そう考えると、第一次安倍政権は、天に見放されたかのようだった。自らが選んだ閣僚が問題発言し、次々辞任するという事態など、その最たるものだろう。閣僚の不祥事はざっと次のような具合である。

内閣が発足して間もなく、佐田玄一郎内閣府特命担当大臣（規制改革担当）が、事務所経費をめぐって虚偽の政治資金収支報告書を提出していたことが明るみに出て、一二月二七日に辞任した。

年が明けて〇七年一月二七日、柳澤伯夫厚生労働大臣が、女性を「産む機械」にたとえて問題になった。前後の発言を聞けば、決して女性を蔑視して言ったわけではなく、「だから大切にしなければいけない」という趣旨であることがわかるのだが、表現が稚拙だったのは否めない。柳澤に対する辞任要求、安倍に対する大臣罷免要求は高まり、野党が補正予算の審議を拒否する事態まで招いた。だが結局柳澤は辞任せず、そのことが支持率低下に拍車をかける結果になった。

三月五日には、参院予算委員会で、農林水産大臣だった松岡利勝が事務所の光熱費問題を追及される。その松岡が五月二八日、議員宿舎で自殺した。安倍は「慚愧《ざんき》にたえない。任命責任の重さを改めて感じている」と沈痛な面持ちで語った。

六月三〇日、今度は長崎出身の久間章生《きゅうまふみお》防衛大臣が「原爆投下はしょうがない」と発言。七月三日にその責任を取って辞任した。

その四日後の七月七日には、松岡の後任の赤城徳彦農水大臣にも事務所費問題が発覚した。実家を主たる事務所として届けていたが、自分の親からも事務所として使ったことはないなどと言われて説明に窮した。記者会見の席に、顔に絆創膏を貼って現れるという「事件」もあって、結局八月一日に大臣を辞めた。これは事実上、安倍による更迭だった。

第１回「食料の未来を描く戦略会議」であいさつする赤城農相。2007年７月17日（写真提供：読売新聞社）

安倍は八月二七日、内閣改造を行う。ところがそのわずか七日後の九月三日には、またしても赤城の後任である農水大臣の遠藤武彦が辞任に追い込まれる。「不適切な献金」や、自らが組合長を務める共済組合の補助金不正受給問題が理由だった。閣僚に起用するにあたって問題がないかを調べる、いわゆる「身体検査」が十分でなかったのである。

安倍に「任命権者」としての責任があるのはもちろんだ。その人のことをすべて知っているわけではないが、そういう人間を選んでしまったことを、人のせいにはできない。しかしそうだとしても、時の運、世論の風向きというものがあって、いかんともしがたいところがあるのも事実だ。当時吹き荒れた事務所経費問題にしても、後から見れば、法案審議そっちのけで大騒ぎするほどのものだったのか。まして大臣が辞めたり自殺したりしなければならない話だったのかという疑問もあろう。だが、当時としては抗すべくもない大きな流れだったのである。

ただし、事態をもっとソフトランディング（軟着陸）させるやり方はあった。自分が選んだ大臣なのだから、問題が起こったときに直ちに切ることはなかなかできないだろうが、庇いすぎるのも考えものである。遠藤武彦など、安倍の方から電光石火で辞めさせていいケースだった。しかし、非情になれない、冷徹になれない安倍の性格が禍して傷口を広げてしまった。松岡についても、早く辞めさせておけば、自殺に追い込まれるようなことはなかったという見方さえあるぐらいだ。

第二次安倍内閣の発足に際して、私は読売新聞紙上で、「拝啓安倍晋三様　非情の宰相であれ」という見出しのコラムを書いた。非情さは権力を維持するための必須の要件なのである。温情はかえって仇になることを、このときの「失敗」から学んでほしいという、私なりのエールでもあった。

例えば七年八ヶ月の長きにわたって政権を担った佐藤栄作の人事の要諦は、「トカゲのシッポ切り」と称されたように、いざというときに非情になれるところにあった。問題のある閣僚がいると見れば、政権への影響を最小限に食い止めるために早い段階で切っていく。そのぐらいの気持ちがなければ、肝心の政権自体がガタガタになってしまう。

政治の世界に限らないが、辞め時は難しい。もう少し耐えて待てば嵐は過ぎていくのではないかとどうしても思いがちである。しかし、決断が遅いがゆえに傷口を広げて取り返しがつかなくなるというケースは枚挙にいとまがない。

それとは逆に、スパッと辞めたことによって評価を高めた稀有な例が、第二次小泉政権時代の福田康夫の官房長官辞任だろう。年金未納問題が発覚するや、一〇日あまりで辞任してしまった。辞める理由については、北朝鮮をめぐって小泉総理が飯島勲秘書官の意見を採用したからだとか、いろいろ取り沙汰されたが、辞任論が表面化する前に職を辞した。するとそれだけで評価が違ってくる。「潔い」「地位に恋々としなかった」という話になる。それが一週間、いや一日遅れても状況は一変してしまうことが多い。

速やかに退き、第三次小泉政権でも入閣しなかったことで、福田は傷口を最小限にとどめただけではなく、評価を高めさえした。そして、安倍辞任の後総理の座をつかむことになった。辞任の決断を早くすれば、復活のチャンスがあることを、福田は身をもって示したと言えるだろう。

「辞め方」がすべてを決する

順風満帆の船出だったはずの第一次安倍内閣は、ちょうど一年で倒れてしまった。しかも、ある日突然の辞任表明に対して「無責任」との厳しい批判が出た。

表向きの辞任理由は、「テロとの闘いや改革を円滑に進めるために、自分が身を引くことが最善と判断した」というものだった。当時行っていた自衛隊のインド洋での給油活動を延長するためには、テロ対策特別措置法の改正が必要だったが、国会情勢は極めて厳しかった。当時の民主党代表・小沢一郎も安倍との党首会談には応じないという強硬姿勢だった。自分がこれ以上居座れば、そのことが障害になって事態が前に進まない。だから総理を辞めて事態を打開したいというわけである。

しかし、この説明は説得力に乏しかった。それほどテロ特措法を重視するなら、なぜもっと早く辞任を決断しなかったのか、という批判を免れられないからだ。〇七年七月二九日の参院選で、自民党は民主党に第一党の座を奪われるという惨敗を喫した。テロ特措法を理由に辞めるのなら、参院選敗北のときがそのタイミングだったろう。

しかし、続投を表明、九月一〇日には臨時国会で所信表明演説を行い、二日後の一二日には代表質問が始まる予定だった。その直前に突然辞任を表明したのである。前代未聞のことであり、あまりに唐突な辞任に批判が出るのは当然だった。

細川護熙は自らの総理としての体験も踏まえてのことだろう。参院選に敗北したときに身を引いていればこんな無様な形にはならなかった、安倍は出処進退を学んでいなかったとコメントした。中国宋代の『名臣言行録』

記者会見で辞意を表明する安倍総理。2007年９月12日（写真提供：読売新聞社）

には「人を挙ぐるには須《すべか》らく退を好む者を挙ぐべし」と書いてあるとも言っていた。『宋名臣言行録』は南宋の朱熹《しゅき》の撰。人を登用しようとするときは、なるべく退いて仕えを求めないというような人間を採り用いるがよい。自分から採用してほしいと熱望するような人を用いると必ず失敗するものである。それは安倍自身にも当てはまると言いたかったのだろう。極めて適切なコメントだった。最後の退き方で、安倍に対する評価のすべてが決まってしまったのである。

ところが後日、辞任の「本当の理由」が明かされた。潰瘍性大腸炎という病気を悪化させ、総理の職を継続するのが不可能な状態に陥っていたのだというのである。

この件に関して、一四年一月に亡くなった政治評論家の岩見隆夫さんは、辞任直後の九月一五日付の毎日新聞のコラム「近聞遠見」で次のように書いた。さまざまな論評がある中で、当時の私の気持ちは岩見コラムに一番近かった。

〈幹事長、官房長官の要職は割合上手にこなしたのに、首相職は重荷だったのだろう。痛々しいばかりの辞任劇になってしまった。

政界も、世論も、無責任批判が圧倒的だが、それは当たらない。病気によるやむを得ない辞任である。しかし、辞任記者会見で正直に病気を告白せず、意味不明の理由を述べたのは、重大なミスだった。

「安倍の美学だから」と弁護の声も出たが、冗談じゃない。国際社会にも誤解を与え〈武士道ではない。臆病者だ〉（一三日付英紙フィナンシャル・タイムズ）などと見当違いの非難まで招くことになった。指導者は去り際に心しなければならない〉

私がもし側近だったら、総理官邸に救急車を呼ぶようにアドバイスしただろう。実際にそうしてもおかしくない病状だったのだから。そしてそのまま慶應義塾大学病院に入院し、そのベッドの上から緊急会見を開くのだ。一九八〇年、初の衆参同日選挙の公示日に倒れた大平正芳総理はベッドで記者の代表と会い、笑顔の写真まで撮らせて「元気さ」をアピールしようとした。安倍の場合は逆で、むしろ正直に言うべきだった。「自分はなんとしても続けたいと思っているが、病気がそれを許さない。これ以上やったら国民の皆様に迷惑がかかるから辞任します。どうかお許しください」と率直に語るのである。そうすれば、少なくとも「無責任論」一色の状況は避けられただろう。「そんなに重い病気とは知らなかった。病気ならば仕方がない。早く帰ってこいよ」という雰囲気になったかもしれない。

総理大臣という公職中の公職を辞めるのに病気を理由にしたくない、国政上の大義を理由にしなければならないという「美学」はわからないわけではない。しかし、病気という本当のわけを最初に隠したのはいただけなかった。このことで後々まで、安倍自身が後悔に苛まれることになるのである。

訪中で示した「芸術としての政治」

高い支持率でスタートしながら、ほどなくして閣僚辞任が続くなどゴタゴタを繰り返し、わずか一年の短命に終わった第一次安倍内閣ではあったが、実績がまったく伴わなかったかとなると、そんなことはない。

柳澤厚労大臣の発言で国会が空転していた〇七年一月下旬、私は安倍に電話で「もはや支持率を気にしない方がいい」と強く言ったことがある。「あなたは何のために総理になったのか、その一点において断固としてやるべきだ。教育基本法改正にせよ国民投票法制定にせよ、それをやりたいと思って総理になったんでしょう。だったら、その道を貫くべきだ。そうすれば、国民は必ずわかってくれると思う」と話した。事実、安倍が目指した重要法案が通った後は、支持率が回復する局面もあったのだ。

〇六年一〇月、内閣が発足して一ヶ月も経たないときに中国を訪問、当時の胡錦濤《こきんとう》国家主

安倍総理が北京の人民大会堂で胡錦濤中国国家主席と会談。2006年10月８日（写真提供：読売新聞社）

席との間で、長く途絶えていた日中首脳会談を実現した。このサプライズは「政治の妙」を示した「芸術としての政治」を示したものでもあった、と私は思っている。

第一次安倍内閣が誕生したとき、日中関係はどんな状況だったか。前任者の小泉は、総理在任中、五年連続で靖国神社を参拝した。最初の参拝は〇一年の八月一五日に予定していた。しかし、終戦記念日に参拝することは中国、韓国に対してあまりに刺激的だと強い反対があり、二日前倒しして八月一三日に行った。しかし八月一五日を避けたといっても参拝したことには変わりないと批判され、その翌年は春の例大祭に合わせて参拝、三年目は年の初めということで一月一四日に、五年

靖国神社に参拝に来た小泉総理が本殿に向かう。2006年８月15日（写真提供：読売新聞社）

目は秋の例大祭に、そして最後の〇六年には、公約通り八月一五日に参拝した。日は違ったが、靖国参拝自体は、誰に何と言われようが変えることはなかった。

それはそれで筋を通したとは言えるだろう。国のために死んでいった人たちに祈りを捧げることは、政治家としてだけでなく人間として当然だという評価もあろう。その一方で小泉の靖国参拝によって、日中関係が急速に悪化したのは事実であり、その後を継いだのが安倍晋三だった。政治的には、小泉よりも「右」で、中国に対しても厳しい姿勢を示していた。だから、安倍政権になって、日中関係は一層厳しくなるに違いない、と誰もが思っていた。

しかしここが政治の政治たる所以《ゆえん》というか、おもしろいところである。ある固定したイメージがあれば、かえって逆のことがやりやすくなるということがしばしばあるのである。例えば東西冷戦のさ中に米国大統領になった共和党出身のリチャード・ニクソンは、歴代大統領の中でももっとも共産主義に対して対決姿勢を示していた。そのニクソンが、キッシンジャーを密使にして米中の国交正常化を実現した。対中改善の積極派ではなく、反対・慎重派であることで反対派を説得できるという「政治の妙味」が発揮されたのである。安倍の電撃訪中も、伝統的な〝手だれの政治〟の手法を踏襲したものだったとも言える。

ちょっと自慢話になってしまうが、私は日中首脳会談の早期実現を予言していた。安倍が訪中を発表したのは総理就任間もない〇六年の一〇月の初めだが、その前の九月二八日に私は民主党の全参議院議員に講演した。このときに「日中関係改善の方法はただひとつしかない。それは靖国問題を封じ込めることである。冷凍庫に入れるしか手はない」と言った。政治の一種の「法則」に照らして、「安倍政権だからこそ、逆にできるのではないか」と述べたのである。

その数日後、総理の訪中は現実のものになった。ある民主党の議員から「どうしてあのときわかっていたんですか」と聞かれた。断片的な情報はあったものの、確かな根拠があったわけではないが、どう考えても、それしか方法はないと思ったのである。

靖国にしろ、尖閣諸島をはじめとする領土問題にしろ、国のありように関わる根幹的な問題である。互いに譲ることは極めて難しいのである。その状況を打開するにはどうしたらいいのか。その問題で両国関係が決定的に悪化することがないようにすることであり、できるだけ触れないこと、先送りすることである。私は常々、「先送りには、いい先送りと悪い先送りがある」と言ってきた。靖国の問題で正面からぶつかれば、にっちもさっちもいかなくなることは目に見えている。それをうまく舵取りするのが政治の大事な役割なのである。これ以上日中関係を悪化させないようにしようということを考えたとき、靖国問題を先送りすることは最良の手だったのである。

もちろん、ただ単に冷凍庫に入れて封じ込めればいいというわけではない。マスコミは、事あるごとに「靖国に行くのか、行かないのか」と必ず聞く。そのとき「行く」とも「行かない」とも言わずに、「しばらくは差し控えるよ」というメッセージだけは中国に感じさせる。中国も「はっきりさせないのはおかしい」と批判しながらも、しばらくは靖国に行かないことを評価して、それ以上追及はせず首脳会談に踏み切るという道しかなかったのである。あのときの安倍は、そうした「戦略的曖昧さ」を巧みに使いながら訪中を実現した。

「日本の総理大臣が靖国神社に行かないと言わない限り、日中首脳会談には応じない」というのが、中国側の原則的な立場だった。しかし結果的には、安倍はひと言も「靖国には行かない」などと言っていない。中国側も原則論を最後まで振り回すことはせず、首脳会談が実現した。時間をかけた周到な準備によって、中国側との信頼関係を保ったうえで初めて「芸術としての政治」は可能だったのである。

低すぎる政権評価

〇七年五月一四日、日本国憲法の改正手続に関する法律、いわゆる国民投票法が成立した。これも第一次安倍政権の成し遂げた大きな成果だ。

憲法九六条は、「この憲法の改正は、各議院の総議員の三分の二以上の賛成で、国会が、これを発議し、国民に提案してその承認を経なければならない。この承認には、特別の国民投票又は国会の定める選挙の際行はれる投票において、その過半数の賛成を必要とする」と、憲法改正要件について定めている。憲法を変えるべきかどうか、最後は国民投票によって決するのである。ところが、どのように国民投票を実施するのかについての肝心の法律がどこにもなかった。

国民投票は、国民投票法がなければできない。投票ができるのは何歳以上なのか、一条一条別々に改正するのか、それともまとめて判断を仰ぐのかなどなど、細部を法律に定めなければできない。このことは、一九四六年に憲法が公布されたものの、実際に憲法を改正することは国民投票法がないゆえにできない状態が六〇年間続いていたことを意味する。

これだけ長きにわたって、なぜこのような状態が放置されてきたのか。それは国民投票法ができると、即憲法改正につながってしまうとして強硬な反対があったからに他ならない。自民党は一九五五年の結党以来、憲法改正を党是としていたにもかかわらず、歴代の自民党内閣は国民投票法に熱心とは言えなかった。憲法改正に至っては、中曽根内閣でさえ「内閣として政治日程にのせない」と言うしかなかった。

しかし、考えなければならないのは、憲法九六条に定められた国民投票というのは、国民が主権者であることの大事な証だということである。国の最高法規である憲法を改正するかどうかを最終的に決めるのは国民だということは、ある意味でもっとも民主的だとも言えるのである。そう考えれば国民投票法がないということは国民の主権行使を侵害することであり、重大な憲法違反なのである。

憲法改正に賛成か反対かは、いろいろ意見があるだろう。しかしそのことと、国民投票法のあるなしの問題とは、話が別のはずだ。憲法改正反対論者が国民投票法に反対するということは、国民を信用しないということである。そのおかしさに、多くの人は気がついていなかったのではないか。そこに風穴を開け、国民投票という主権の行使に道を開いたという意味で、国民投票法の成立は画期的なことだった。

ところが、国民投票法はその後実効あるものになかなかならなかった。投票年齢を一八歳以上として、公職選挙法の選挙権年齢や少年法の成人などについても「二〇歳以上」を「一八歳以上」にそろえることが条件になったが、「一八歳ではまだ未熟」という反対論は根強かった。それでも、当面は「二〇歳以上」として、四年かけて「一八歳以上」に移行するということで与野党七党が合意、一四年の通常国会で改正案が成立の運びとなった。

憲法改正そのものについては、安倍は第二次政権発足前から、九六条の「先行改正」を唱えていた。「総議員の三分の二以上の賛成」ではハードルが高すぎるので、「過半数以上」に改めたいというのである。議論の過程で、例えばアメリカでは、州によっては五分の四以上の賛成がなければできないとか、韓国だって改憲のハードルは厳しいのだから日本だけが特別ではないという意見も根強くあった。アメリカにもドイツにも国民投票の制度はない。憲法改正の最終決定は国民投票ではなく、議会で行われるのである。その意味では、憲法改正に関しては日本の方が国民主権を徹底させている、と言うこともできる。この種の国際比較をするときに気をつけなければいけないのは、都合のいいところだけを強調するのではなく、バランスをもって見なければならないということである。

第一次安倍政権に戻ろう。〇六年一二月一五日には、五九年ぶりに教育基本法が改正された。かねてからの安倍の持論だったが、これまで個人を重視するあまり、社会とか国家とかを蔑ろにしてきた点を見直し、「道徳心」や「愛国心」の大切さについて規定するなど、教育基本法の根幹を変えた。当然のように強い批判が沸き起こったが、それに抗して法改正を実現した。

同じ日に、防衛庁を省に昇格させる法改正も行っている。日本は不幸な国である。自衛隊はこれだけの規模でありながら「軍隊」ではない、世界有数の武力を持ちながら、それは「戦力」ではないという、ある種の「虚偽」「まやかし」が長い間続いてきた。憲法九条に「陸海空軍その他の戦力は、これを保持しない」と書かれている以上、あくまで自衛のための組織なのだと言うしかなかった。そうなると、その自衛隊を統括する役所も省ではなく、格が落ちる庁になってしまったのである。

しかし世界を見渡しても、そんな国はどこにもない。アメリカなどは国防「総省」である。国民の生命・財産を守る最前線の組織を統括する役所なのだから、そう位置づけられて当たり前である。国民投票法などもそうだが、誰もやろうとしなかった当たり前のことを、安倍はやったということだろう。こうした改革について、「軍国主義」だとか「右翼的」だとかいう批判は当たらないと私は思う。

ただ、第一次安倍内閣では、できれば「戦後レジームからの脱却」などと肩に力を入れずに、「ごく普通の当たり前のことを私たちは忘れていたのではないか。それを今こそやるべきだ」という自然体を貫いていれば、誤解も最小限に抑えられたのではないかとも感じる。そこには「ポスト小泉」として、「政権が代わるというのはこういうことだ」というインパクトを示したい、決して「小泉政治の継承」ではないことを見せたい、という気負いがあったのかもしれない。

もうひとつ、小泉前政権が提起した課題だったが、第一次安倍政権では、道路特定財源制度に関する具体的な議論が進んだ。道路特定財源というのは、自動車の利用者から徴収した揮発油税や石油ガス税、自動車重量税などのことで、その使途は道路整備に限るという「目的税」だった。これを使途を限らず使えるようにする、つまり「一般財源」化しようとした。

道路特定財源制度は田中角栄が議員時代に、全国の道路建設を推進するために作られたものである。もう道路整備は一段落したし、国の財政が厳しい折、これを一般財源化しようというのは時代の要請でもあるのだが、やはり一筋縄でいく話ではなかった。そうはいっても、まだ道路が整備されていない地方を切り捨てることになるとして、自民党内にも反対する人たちは少なくなかった。使命を終えたのならば、制度それ自体はいったん廃止しなければおかしいという「正論」も主張されていた。

税収面で見ると、揮発油税は約二兆八四〇〇億円なのに対し、自動車重量税は約五五〇〇億円程度で、圧倒的に揮発油税が大きい。しかし〇六年末の議論では、反対論に配慮して揮発油税には手を付けず、法律の改正をしなくてもいい自動車重量税のみを一般財源化するという落としどころも囁かれていた。

しかし安倍内閣は、表現上は「揮発油税」という文言は明示しないものの、明らかにそれも含めて一般財源化する方向で決着を図った。その一方で、今後も真に必要な道路整備は計画的に進めることも明記、次の年度に道路歳出を上回る税収があった場合にその部分を一般財源化するということで、反対派の矛を収めさせたのである。

賛否が激しく対立する中で、少しでも前進させようという意味でなかなかうまいやり方だと私などは思ったが、例によってマスコミは「腰砕け」「玉虫色」「骨抜き」などと批判した。「揮発油税」の文言が明記されなかったのは問題だ、というわけである。「明記はされなかったけれども、実質的に一般財源化が実現した」とは、なかなか報じてはもらえない。

そもそも、自民党総裁選で道路特定財源については何も言っていなかったではないかという批判もあった。郵政民営化反対組を復党させたことで下がった支持率を回復させることを狙ったパフォーマンスだと批判されたのだった。

これに対しては、パフォーマンスで何が悪いのか。評価はパフォーマンスかどうかではなく、そのことによって、以前よりも改革が進んだのかどうかで判断すべきではないのかという反論が成り立つだろう。道路特定財源に関して言えば、明らかに改革は前進したのであり、このときの決定によって、〇九年四月の制度自体の廃止につながったのである。

こうして見てくると、第一次安倍政権の一年間は、不当に低く評価されてしまったという感を禁じえない。半世紀以上、半ばタブーにされてきた政策を、一代の内閣で、しかもこれだけ短時間にやり遂げた例はないだろう。もちろん、第一次安倍内閣の政策に対して異論を持つ人はいるだろう。だが、何もかもマイナスばかりだったというようなレッテル張りはおかしい。ある新聞のように、何から何まで反対の論陣を張るというのは、マスコミの正道のありようから言っても、私の目には異常に映るのである。

第一次安倍内閣は、辞任時期の失敗で低い評価だが、もっと正当に評価されなければいけないし、そのときが必ずやってくるだろうと思っている。

第二章

第二次安倍内閣にみる「復活の政治」

「確信者」の強さと弱さ

第二次安倍内閣の出来事

2012.12.16	衆院選で自民、公明両党が320議席超を獲得し圧勝
12.26	第96代の総理に就任。第二次安倍内閣が発足
2013. 1.22	政府と日本銀行が2%のインフレ（物価上昇率）目標を明記した「共同声明」を発表
3.15	日銀総裁に黒田東彦・アジア開発銀行総裁を起用する政府の人事案を参院が同意。安倍総理が総理官邸で記者会見し、TPP（環太平洋戦略的経済連携協定）への交渉参加を表明
4.28	参院山口選挙区補選で自民党が勝利
4.29	安倍総理がロシアでプーチン大統領と首脳会談。北方領土交渉を再開
5.22	日経平均株価の終値が約5年5ヶ月ぶりに1万5600円台を回復
6.23	東京都議選で自民党が全員当選し、都議会第1党を奪還
7.21	参院選で自民党が圧勝。自公が参院でも過半数を制し、衆参で多数派が異なる「ねじれ国会」は解消
7.23	日本政府がTPP交渉会合に正式参加
9.8	2020年夏季オリンピックの東京開催決定
10.1	消費税を2014年4月から8%とする方針決定
12.4	国家安全保障会議（NSC）発足
12.6	特定秘密保護法成立
12.26	安倍総理が靖国神社参拝
12.27	沖縄県が名護市辺野古沖の埋め立て申請を承認
2014. 3.30	日朝政府間協議が1年4ヶ月ぶりに再開
4.24	東京でオバマ大統領と日米首脳会談

第二次安倍内閣／支持・不支持

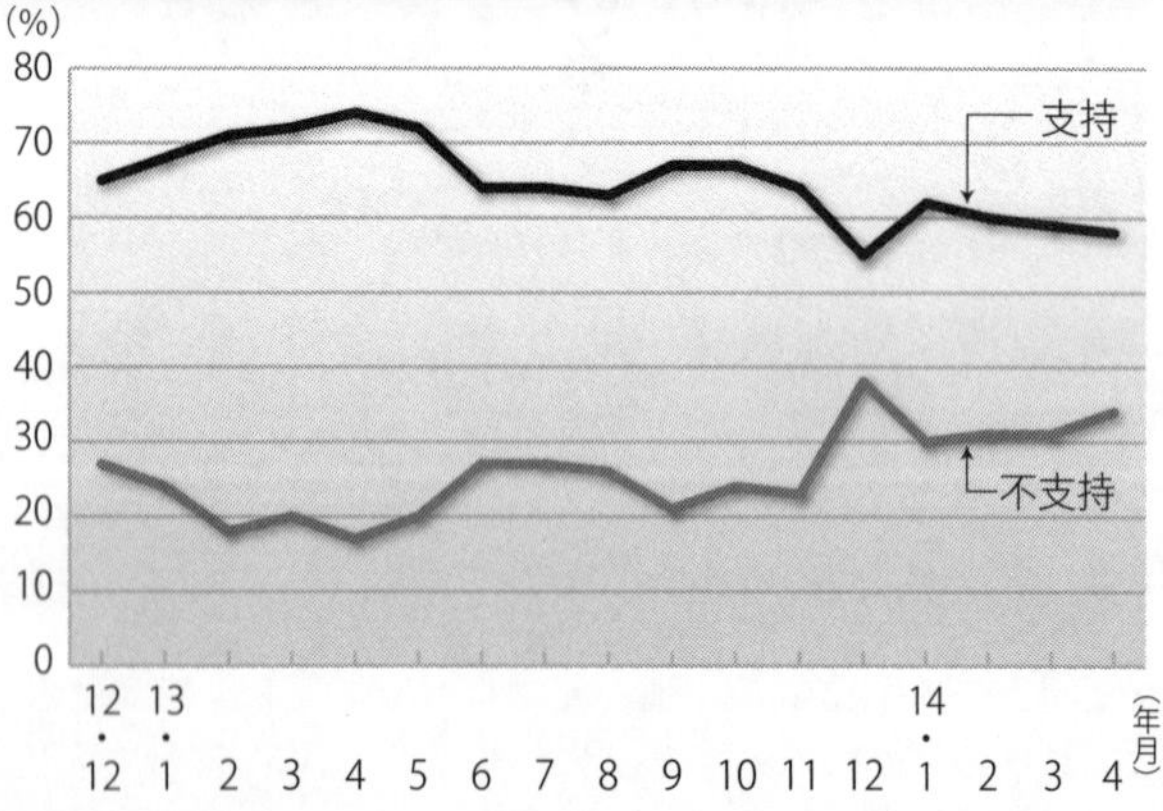

「時の運」もあった

小泉内閣を継いだ安倍内閣を皮切りに、政権交代後の民主党時代も含めて六つの内閣が、それなりに期待されてスタートしながら、ほどなくして国民の支持を失い、それぞれ一年ほどで退場を余儀なくされていった。それに終止符を打ったのは、二〇一二年一二月に発足した第二次安倍内閣である。明らかにその前の政権とは違っていた。何よりも政治に対する期待、明るさが出てきた。次の国政選挙までに時間的な余裕があることもあって、早い段階から長期政権への期待も生まれた。

こうなった理由はいくつかあろうが、ひとつには、第一次安倍政権とは打って変わって、さまざまな局面で運があったのは確かである。そもそも、もはや再起不能と思われていた安倍が、どうして復活できたのか。戦後政治では稀有のケースだけに、きちんと検証する必要があろう。

不本意な形で総理を辞任してから五年あまり。この間、一貫して安倍の再チャレンジを信じて、それを支えてきた人たちがいた。官房長官になった菅義偉《すがよしひで》、経済財政政策担当大臣で

TPP（環太平洋戦略的経済連携協定）担当の甘利明らである。政治家以外では、政治評論家の三宅久之などもそうだ。三宅は死の間際まで安倍の復活を信じ、応援していた。一二年九月の総裁選で安倍が勝ったときにはまだ存命だったが、総理になった姿を目にすることは叶わなかった。それに恩義を感じた安倍は、総理就任後、三宅の墓参りに行き、総理の座に就いたことを報告した。

しかし、安倍の再登板への挑戦は時期尚早だという意見が自民党内には多かった。安倍の出身派閥である町村派からは、会長である町村信孝が総裁選出馬の意向を示していた。安倍は町村のほか、森喜朗にも出馬は自重するよう要請され、かなりの迷いがあったようだ。病気が理由とはいえ、あのような形で総理を辞めた記憶が今なお人々から去ってはいないことは、十分わかっていた。

この総裁選への立候補が取り沙汰されていたのは、当時総裁だった谷垣禎一《さだかず》、幹事長の石原伸晃《のぶてる》、前政調会長の石破茂、政調会長代理の林芳正、それに町村と安倍の六人だった。まず注目されたのは現職の総裁、幹事長である谷垣、石原の動向で、安倍の場合、総裁選への出馬は見送り、谷垣なり石原なりに総裁をやってもらってその次を狙うという選択肢がなかったわけではない。

その場合のシナリオは二つあった。それは衆議院の解散がどうなるかにも左右された。当時の総理野田佳彦が谷垣に約束した「近いうち解散」が速やかに実行される状況になれば、現総裁の谷垣が有利だ。しかし、解散の見通しが立たなければ、当然ながら「解散させられなかった」谷垣は責任を問われ、その場合には石原がクローズアップされてくる。石原との関係は悪くない。どちらにしても、自分はその後継を目指すという戦略だ。

結果的に、事態は後者のシナリオで進んでいった。石原は「谷垣降ろし」に成功し、総裁選の候補者に名乗りを上げる。そして迷った末に、安倍も出馬を決めた。見送った結果、仮に石破総裁が誕生したりしたら、世代交代は進み、復活への道が絶たれるという判断もあったのだろう。

とはいえ、安倍に確実な勝利が約束されていたわけでは、決してない。安倍にとって幸運だったのは、強いと見られていた石原が伸び悩んだことである。議員票と党員票を合わせた第一回投票で石原は三位に沈み、上位二名による決選投票には石破と安倍が進んだ。

石原の最大の敗因は、他ならぬ「谷垣降ろし」にあった。自民党幹事長というのは、総裁を補佐する立場にある。補佐すると同時に共同責任を問われてしかるべきポストなのだ。総裁に解散させることができなかったという責任があるならば、幹事長も同罪である。にもかかわらず、いったん幹事長を辞することもなく総裁選に出るというのは、自民党の伝統を踏み外した行為ではないかという批判が出て当然だった。

石原には失言もあった。テレビ番組で、福島第一原発の汚染土の処理について、「もう運ぶところは福島原発の『第一サティアン』というところしかない」と発言した。オウム真理教事件を彷彿とさせる表現に、世間は唖然とした。

石原の立候補により、谷垣は出馬を断念せざるをえず、谷垣グループの「石原憎し」の怨念は深まった。その結果、総裁選では谷垣系の議員は一回目の投票で安倍に投票することとし、決選投票の対応は個々人に任せることを決めた。これが安倍にとっては大きなフォローの風となった。安倍は、基本的に「右派」の政治家である。谷垣派・宏池会は自民党の中では「左派」に位置する。政治的なスタンスは明らかに異なる。しかし、ここでは怨念がその違いを上回ったということである。

政治家は何で動くのか。政治の行方を決めるのは何なのか。国家観や政策も重要な要素だろうが、もっとも大きいのは「恨み」と「嫉妬」ではないのか、というのが、長い政治取材を通じての私の実感である。裏切られたことへの怨念、自分の方が優秀なのに、なぜ彼が先に大臣になるのか、といった極めて人間的な感情である。それがかなり色濃く表れたのが、このときの総裁選だったと思われる。

〇一年四月の自民党総裁選でもそれが見られた。予備選で三位になった亀井静香は、一位の小泉純一郎と政策協定を結び、小泉支持に回った。しかし、小泉は総理の座を射止めるや、亀井との約束をことごとく反古《ほご》にする。その恨みは、ついに消えることはなく、その後骨肉の争いを繰り広げていく。政治の世界とは、そういうものなのである。

選挙民に選ばれた政治家は一国一城の主であり、しかもみんな自分がしかるべきポストに就くのに相応しいと思い込んでいる。政界ほど、自己評価と客観評価に開きのある世界もないだろう。まあ、そのくらいの自負心がなければやっていけないという側面はあるのだが、意に反した待遇を受けたときの「恨み」や、他の誰かが厚遇されたりしたときの「嫉妬」のエネルギーもまた、すさまじいものがある。政治家の言動のかなりの部分はこうした視点から解明できるのではないかと私は思っている。

一二年の総裁選に話を戻すと、安倍にはもうひとつ「時の運」みたいなものがあった。これを運と呼ぶのは、町村には申し訳ないのだが、候補者五人がそろって神戸市で街頭演説した帰りの飛行機で、町村が体調不良を訴えて緊急入院するのである。四日後に一時退院して車椅子で記者会見し、「エコノミークラス症候群の症状だ。総裁選は最後まで戦い抜く」と決意が変わらないことを強調したが、大きなダメージになったのは否めなかった。

結局、町村は一回目の投票で四位となって決選投票には残れなくなった。町村派として決選投票では誰に投票するかになったとき、同じ派閥の安倍晋三に入れようという雰囲気になっていく。「派の会長が総裁選に出ようとするときに、対立候補で立つとは何事か」という森の制止も聞かずに立候補した安倍ではあったが、さきほどの「恨み」の問題とは別に、同じ釜の飯を食った派閥仲間の絆のようなものがものをいったとも言えよう。

当の町村は「安倍さんも僕も清和政策研究会（町村派）という同じ帽子を被っている。安倍さんに投票しよう」と呼びかけた。決選投票で安倍以外を支持することを決めれば町村派が分裂するかもしれない、分裂だけは避けようという意図もあっただろうが、決選投票での石破との差が二〇票弱だったことを考えれば、安倍にとっては非常にありがたい援軍だったはずだ。

谷垣が候補から降ろされたのとは違い、町村は病気のため候補者としての活動がほとんどできないまま敗れることになるのだが、第一次内閣では、病気で退陣せざるをえなかった安倍が、町村の病気に助けられたというのは、何か因縁めいた話ではある。

さて運という点では、安倍は総理就任一年の間にも幾度かそういう場面があった。東京オリンピックの招致成功もそのひとつだろう。後でも述べるが、アベノミクスはこれからが本番で、国民に痛みを強いる局面も増えるだろう。消費税率の引き上げもある。そうした厳しい政策も断行せざるをえない中で、オリンピックの招致成功が国民の政府に対する風当たりをかなり弱める効果があった。もちろん、オリンピック開催が景気にとって明るい材料になるという、具体的な経済効果も期待できる。ツキも器量のうちと言われるが、少なくとも就任後一年を見た場合、安倍はそれを持ち合わせていたようだ。

「右寄り」という安倍の立ち位置も、ここまでは有利に働いている。安倍を強固に支持するグループは、当然政治的に同じスタンスの人たちが多い。「ネット右翼」の信頼も厚い。そういう人たちは、例えば尖閣で少しでも柔軟な対応をしたら、即座に厳しい批判を展開するのが常である。ところが、皮肉なことに相手が他ならぬ安倍だから、もっと強い姿勢を取れと言いたくても言えない、言いすぎると安倍に不利になるとして批判を差し控えるという構図になっているのだ。

もしこれが谷垣のように、どちらかというと左寄りのリベラルな立場の人だったら、当然厳しく批判したであろう。安倍を批判することで政権を危うくしては「左の思うつぼにはまってしまう」という自制が働いているのである。中国、韓国との関係修復を好むと好まざるとにかかわらず進めなければならないとき、右に位置する安倍だから、反中、反韓感情を抑えられるという「政治の妙味」を発揮する余地があるのである。

断固とした意思示す

政治において運が大切なのはもちろんだが、安倍政権になって、政治に明るさが見えてきた一番大きな理由は、断固として政治をやろうとしている姿を国民が感じ取ったからにほかならない。最初にそれを明確に示したのが、「デフレ退治」である。どんなことがあってもデフレを収束させると明確に宣言し、そのために日銀総裁も交代させた。「日銀の独立性」を考えた場合、政府が露骨に介入しているかのように見えるのはいかがなものか、という批判もあったが、国民に対して最高指導者の意思を明確に表明した意味は大きかった。失敗すれば、誰でもない、みな自分にはね返ってくるという危険が伴うだけに、逆に評価もされるのである。

安倍の姿を見て、一三年春に亡くなった英国の元首相マーガレット・サッチャーの政治指導を思い浮かべた。彼女を党首とする保守党は、一九七九年の総選挙で労働党から政権を奪還したが、その選挙演説でサッチャーはこう国民に訴えた。

「私は確信の政治家です。旧約聖書の預言者たちは、『兄弟たちよ、私はコンセンサスを求める』などとは言いませんでした。彼らはこう言ったのです。『これが私の信仰でありビジョンである。もしあなた方もそれを信じるのであれば、私についてきなさい』と。今夜私は皆さんに旧約聖書の預言者たちと同じことを申し上げます。最近の寒々とした陰鬱な過去に別れを告げましょう。敗北主義に別れを告げましょう。選択と自由という二つの旗の下に、新しい胸躍る未来がイギリス国民を招いています」

衆院本会議で所信表明演説を行う安倍総理。2013年10月15日（写真提供：読売新聞社）

　この選挙でイギリス国民は、このような断固としたサッチャーに国を委ねようとしたのである。安易な類推は慎まなければならないが、第二次安倍内閣のスタートダッシュには、それが見られるように思えた。最高指導者が、何がなんでもやろうという態度を示せば、国民はある程度許容するも

「東京」と発表された瞬間、大喜びする招致関係者。右から３人目が安倍総理（写真：代表撮影/AP/アフロ）

のである。小泉の郵政民営化などはその最たるものだろう。郵政民営化には多くの問題点があったが、「殺されたってやる」と言うのだから、「もう勝手にしろ」ということになる。

とはいえ、ただやみくもに事を運べばよいというものではない。そこには周到なる準備がなければならない。私の『総理の器量』（中公新書ラクレ）という本では、中曽根康弘の就任直後の韓国電撃訪問の裏には、周到な準備があったことについて触れている。安倍に関して言えば、二〇二〇年オリンピックの東京招致などその良い例だろう。さきほど安倍は運にも恵まれているとして東京オリンピックを例に挙げたが、その運は入念な招致活動によってもたらされたものだった。

ふたを開けるまで、東京があれほどの差で圧勝すると予測した人はいなかっただろう。政府関係者も含めて専門家であればあるほど、悲観的な見方をしていた。スポーツジャーナリストなどにも、マドリード優勢と見る向きが多かった。直前に福島第一原発の汚染水問題が起きたことで悲観論に拍車がかかることにもなった。それを跳ね返して勝てたのは、官民が一体になって招致活動を進めたからであり、とりわけ総理大臣の意志が大きく作用したからだと見るべきだろう。

東京は、この四年前にも一六年開催を目指して立候補したものの、敗れた。このときの総理は鳩山由紀夫である。彼は当初、「時代錯誤的発想だ」としてオリンピック招致に反対だったという。しかし、安倍晋三は違った。総理就任直後から招致を目指して動いた。自分の祖父・岸信介内閣のときに、前回の東京オリンピックが決まったのだ、という思いもあったのだろう。

総理に就任して間もない一三年一月、安倍は東南アジアの国々を歴訪する。そのための事前勉強会の席上、「訪問する国の中で、ＩＯＣ委員がいるのはどこだ？」と外務官僚に質問した。ところが、答えられない。「せっかく会うのに何をやっているんだ。考えておくのが当たり前じゃないか」と叱った。これで外務省の姿勢が改まった。オリンピック招致は文部科学省の担当で、外務省は関係ないという態度を変えることになるのである。

六月に横浜で開かれた第五回アフリカ開発会議（TICAD V）では、参加国すべての首脳に東京招致のピンバッジを贈る。このバッジは一月の東南アジア訪問のときにも持っていった。タイのインラック首相などは、安倍から受け取るや、その場で自分の胸に着けたというエピソードもあった。その前の四月末から五月にかけて安倍はロシア、中東を訪問するが、ロシアのプーチン大統領に対し、二〇年の万博開催への協力を表明するなどして、東京招致への協力を求めた。このときはシリア問題で米露が激しく対立していた。日本としては基本的にはアメリカと立場を同じくしていたが、オリンピックのことも考えて、プーチンをあまり追い詰めるような表現はできるだけ避けようとしたと、安倍本人も語っていた。それはプーチンにも伝わり、プーチンは、同国IOC委員の三票を確約したのだという。

東京招致については、安倍や官房長官の菅らは宮内庁にプレッシャーをかけた。皇族がオリンピックの招致活動に関与することについて宮内庁は消極的、というより反対だった。関わり合って負けた場合には、皇室のマイナスにならないか、ということをまず考えてしまうからだ。しかしそこを押し切って、最終のプレゼンテーションで高円宮妃殿下がスピーチするところまでもっていった。

ロンドン・オリンピック開催の決め手はブレア首相であり、ソチ・オリンピックはプーチン大統領だったように、国の最高指導者が本気になってやっているのが見えれば、ＩＯＣ理事の反応は当然違ってくる。治安の良さとか財政的な基盤だとか、東京のメリットはいくつもあったのだろうが、最後の決め手になったのは、この問題に対する安倍のリーダーシップだったと思う。

このように、第二次安倍内閣の滑り出しは文字通り「率先垂範」方式、と言っていいだろう。「安倍チーム」というよりは、首相本人の意向によって物事が処理されているとの印象が強かった。野党だけでなく自民党内でさえ「企業優遇」との反対が多かった復興特別法人税廃止の一年前倒しなど、トップダウンでなければ無理だったろう。

五年前の失敗から学んだ「緩急」

第二次安倍内閣の政策の目玉である「アベノミクス」は、名前の響きとわかりやすさという点で、政治学的に言えば、最近では出色の「象徴操作」と言っていいのかもしれない。大胆な金融緩和、機動的な財政出動、民間投資を喚起する成長戦略の「三本の矢」も、話題にしやすい命名である。三つの矢を命中させることによって、日本経済を復活させようというアベノミクスと、一本では弱いから三本が力を合わせなければいけないという毛利元就の故事とは意味が違うが、世論への喚起力は抜群だった。

アベノミクスについては、成長戦略が問われる二年目は大きな試練に見舞われるだろう。決め手になる規制緩和には既得権益の大きな壁が立ちふさがる。それでも一年目は総合的に見て合格点を与えられるだろう。私にとって不満なのは、政策の「陰」の部分に十分に目を向けているのかということである。

円安、株高で日本経済に明るさが出てきたのはまぎれもない事実だ。トヨタのような輸出企業は、円安によって大きな利益を得ることができる。大企業はたくさんの下請けを抱えているから、雇用も含めて日本経済には好影響を及ぼすだろう。だが、その陰で急激な円安によって大変な思いをしている人もたくさんいるのだ。

私の出身地の秋田では、五月、六月頃まで寒さが続く。一番上の兄は国家公務員をリタイアした後、田舎に引っ込んで年金生活を送っているが、灯油代だけで月三万円以上かかるという。円安による灯油代の値上がりは、クリーニング店をはじめ、燃料をたくさん使う中小業者などにとっても大変な重荷である。輸出大企業に比べれば、日本経済に占める割合は少ないかもしれない。しかし、そういう声なき声に耳を傾けるのが政治のはずである。

本来なら野党第一党である民主党がきちんとした対抗策を打ち出すべきだが、格差の拡大は強調するが、具体策を示せないでいる。どんな政策でも避けられないことではあるが、アベノミクスの陰の部分にどう配慮し、有効な手を打つかは、安倍政権の責務であると同時に、政権の行方を決める大きな要素になるだろう。

さて、政権発足から一年あまりを見てきてもうひとつ感じるのは、かなり「緩急」を使い分けているということである。第一次安倍内閣では、事務所経費や問題発言などによる閣僚の辞任が相次いだこともあって支持率が下がり、悪い流れを何とかせき止めようとするかのように、課題解決を急ごうとした。「窮鼠猫を嚙む」かのように、かなり無理しているなというのが、傍から見ていてもわかった。しかし、第二次政権ではかなり余裕を持って政権運営を担っている。断固としてやるところはやり、そうでないところはさっと引く。世論の見極めもうまくなったように思われる。

例えば尖閣諸島の問題にしても、自民党総裁選に出たときには、「島に船溜まりを造る」「公務員を常駐させる」といった威勢のいいことを言った。そんなことはできるはずがない。できないことを言えば、後でマニフェスト違反に問われかねないと思ったが、「少々強いことを言わないと選挙に勝てない」というのが、当時の安倍の認識だった。しかし、総理になってからそうした強硬意見を吐くことはなくなった。

憲法の改正要件を定めた九六条を先行して改正する、という問題もそうだ。それが自民党の方針でもあり、総理就任当時の安倍はかなり強く九六条先行改正の必要性を主張していた。しかし、どうも世論調査をやると必ずしも賛成が多くない。一三年四月二〇日に発表された読売新聞の調査によれば、憲法改正そのものについては五一％が賛成、改正しない方がよいが三一％なのに、九六条の先行改正については、賛否が四二％で拮抗した。九六条改正は唐突に出てきた感があり、その意味がよくわからないというのが国民の正直な気持ちだったのだろう。しかし、理由は何であれ世論は真っ二つに割れていた。加えて与党の公明党も、改正に慎重だった。

そうした状況を読んで、安倍は「九六条改正については、まだ十分に国民的議論が深まっているとは言えない。熟議が必要で、公明党とも丁寧に話し合っていきたい」と戦術転換する。一方で、憲法改正を諦めたわけではないことをアピール、「憲法改正のような大きな仕事に取り組むうえにおいては、陸上の先頭ランナーと同じように、必ず強い向かい風を体全体で受けなければいけません。まさに私はそういう役割だと思っています。誰かが先頭ランナーをやらなければいけませんから」と語ったが、あれほどこだわっていた九六条先行論を引っ込めるあたり、ある意味での柔軟さが出てきたとも言えよう。第一次政権にはなかったものである。

なぜ違うのか。ひとつは「失敗の経験」に学んだということだろう。政権を維持するうえでは、強気一辺倒ではダメで、状況を見つつ時に退くことも必要なのだ、という教訓を得たのだと思う。もうひとつは、一三年夏の参院選が終われば、三年間は全国規模の国政選挙をやらないですむという、時間の問題も大きいだろう。選挙まで時間的猶予があれば、じっくり腰を落ち着けて懸案に取り組むことができると思うようになったのだろう。

政治において時間は極めて重要なファクターである。素早く決断しないと取り返しのつかないことになることもあるし、急ぎすぎて元も子もなくなることもある。第二次安倍政権発足の際、私は読売新聞紙上で「拝啓安倍晋三様　非情の宰相であれ」の見出しで、「景気対策や復興対策のように急がなければならないものと、憲法改正のように熟成させなければならないものを峻別すべきです」と書いた。時間を十分考えながら進めなければいけない。

この記事ではまた、鉄血宰相ビスマルクの「政治とは可能性のアート（芸術・技術）である」という言葉を引用し、民主党の失敗から学び、徹底して実現可能性を追求するのが政治であるということも強調した。

TPP（環太平洋経済連携協定）の交渉参加の決断にはそれが見られた。この問題は極めてやっかいで、自民党は民主党以上に農業団体との関係で制約を受けている。民主党から政権を奪い返した今、小泉改革以降離れていった農業団体と、いかに関係修復を図っていくかは極めて重要な課題だった。その農業団体は交渉に参加すること自体に強く反対している。一方で、交渉そのものに参加しないなどということは、日本として許される状況にないのも明らかだった。そうした中で自民党は、「『聖域なき関税撤廃』を前提にする限り、TPP交渉参加に反対」という方針を決めた。すべての品目について関税を撤廃することを前提にするなら交渉に参加はしないということだが、裏を返せば、例外を設ける余地があるなら参加しますよ、ということにもなる。

当初自民党内には、交渉参加問題について七月の参院選前に結論を出すことに対する反対論が根強かった。実質的に交渉参加の決断になるわけだから、農業団体の離反を招いて参院選にマイナスになるとして、菅官房長官なども慎重な発言を繰り返していた。しかし安倍は、反対はあるだろうが、参院選への影響を少なくするためにも早く表明した方がいい、と決断するのである。

そして、二月二二日のオバマ大統領との初の首脳会談で、「TPPに関しては、すべての品目の関税撤廃が前提ではない」との言質を引き出し、共同声明として発表した。聖域が認められる余地があることをオバマに認めさせたことで、自民党も農業団体も説得しやすくなった。現にその後ＴＰＰ交渉参加の流れは、着実に動き出した。「聖域なき関税撤廃」が障害になって交渉に参加できないというのではなく、それを逆手に取ってＴＰＰ交渉参加への道を開くというのは、戦略的に成熟したやり方だったと思う。

仮に決断を参院選後まで先延ばしにしていたら、どうなっただろう。おそらく選挙戦で議論百出して、交渉参加は絶望的に遅くなったはずだ。そうなれば、日本にとってますます不利な交渉を余儀なくされたに違いない。まさに「政治は時間」なのである。

長期政権は「結果」である

経緯を見れば明らかだが、ＴＰＰ交渉への早期の参加は安倍晋三が決断した。オリンピック招致の根回しも、復興特別法人税の前倒し廃止も、総理大臣の目に見える形でのリーダーシップによるものである。私はそこに、一抹の不安を覚える。第一章で、第一次安倍内閣時代の安倍の手法を「鵜飼型」と命名した。「チーム安倍」と言えば聞こえはいいが、担当者同士は相互の連携もなく独自に任された任務を遂行し、責任はすべて総理に集中していた。では今回はどうだろうか。

経済財政諮問会議を復活させ、産業競争力会議を設置するなど、安倍は矢継ぎ早に自らを長とする組織をスタートさせた。しかし、それぞれをまとめる強力な司令塔がいるかとなると疑問がある。何でも総理大臣の責任になるのを防ぐ「風除け」が必要なのだが、そういうふうになっていない。一年目は自ら決断し、号令一下やらせればよかったのかもしれないが、これからはそうはいかないだろう。

アベノミクスを例に取ろう。一本目の矢にしろ二本目の矢にしろ、強硬な反対論は少なかった。大胆な金融緩和にしろ、財政出動による景気の底上げにしろ、デフレが続いているだけに、そんなに反対論が多いわけではない。しかし、第三の矢である成長戦略になるとそうはいかない。これまでにない困難が伴う。成長戦略を推し進めるためには、さまざまな規制を取り除くことが不可欠になる。農業のほかさまざまな産業分野で、これまでの秩序を壊しながら改革を進めていかなければならない。当然、痛みが伴う。隙のない戦略を立て、根気よく事に当たることが求められる。

こうした改革を、一人の総理大臣が「鵜飼型」でやろうとしても無理がある。きちんと全体をまとめる組織を作り、司令塔を決め、総理はその上に超然としているようでなければならない。

滑り出し好調で、三年間国政選挙がないこともあって、今度は長期政権になるだろうともっぱらだ。しかし、政権は何で躓《つまず》くかわからない。今まで長期政権になるだろうと言われて、そうなったためしはない。逆にロッキード事件の被告である田中角栄が作った内閣ということもあって、大変な逆風でスタートした中曽根政権は短命政権になると多くの人が思っていた。しかし、五年弱続いた。小泉政権にしても、人気はあったが、ポキンと折れるのも早いだろうという見方も多かった。それが五年五ヶ月も続いた。小渕政権など、小渕自身が「三日持つか、三週間持つか、三ヶ月持つか」と戦々恐々としていた。そういう政権ほど長くなるというのが、これまでの歴史なのである。短命と思われているゆえに、必死になるからである。

求められる丁寧さ

安倍には、長期政権というのは「結果」としてそうなるのであって、政権運営に驕《おご》りや油

参院国家安全保障特別委員会で秘密保護法案採決を阻止しようと委員長に詰め寄る野党理事ら。2013年12月５日（写真提供：読売新聞社）

断が生じれば、脆くも崩れ去るのだということを、肝に銘じてほしいと思う。そのためには「丁寧な政治」を心がけなければならない。その意味で対照的だったのが、消費税の五％から八％への増税と、特定秘密保護法の扱いだった。

一三年一〇月に、消費税を一四年四月から八％にする決定をしたにもかかわらず、安倍内閣の支持率は下がらなかった。読売新聞調査では、増税決定後も七六％と変わらなかった。なぜなのか。ひと言で言えば「丁寧」だったからである。安倍本人は増税に疑問があった。しかし、やらざるをえない。ならば、さまざまな人の意見を聞いてみよう。増税は必ずや景気にマイナス影響を及ぼす。ならば、影響を最小限に食い止めるためにあらゆる手立てをしよう。そうした姿勢があったがゆえに、やむをえないものとして多くの国民は増税を許容したということがあるだろう。

それと正反対だったのが、特定秘密保護法の新設である。急ぎすぎた。日本版ＮＳＣ（国家安全保障会議）のスタートと同時に、秘密保護法が機能していなければならない。なぜなら、アメリカからせっかく情報を提供してもらっても、すぐ漏れるようでは、アメリカが二度と情報を提供すまいと思うのは当然だからだ。

すし店での非公式夕食会を前にオバマ米大統領と握手を交わす安倍総理。2014年４月23日（写真提供：読売新聞社）

そこまではいい。しかし、進め方がよくなかった。周到なる準備を怠ったゆえに、国会審議になってからボロボロと綻びが出て、そのたびごとに第三者機関を作ると約束することになった。制度設計がまったくできていなかったのである。政治は謙虚に、丁寧にやることが何よりも大切であることを改めて想起してほしいのである。

第三章

野田佳彦にみる「消費増税」

「歴史的汚名」を覚悟し

野田内閣の出来事

2011. 9. 2　野田佳彦民主党代表が第95代総理に就任
11.11　野田総理が環太平洋経済連携協定（TPP）交渉参加に向けた協議入りを表明
12.16　野田総理は福島第一原発の原子炉が冷温停止状態を達成したと宣言

2012. 1. 6　政府・与党は、消費税率を10%に引き上げる社会保障・税一体改革の素案を決定
2.25　野田総理と谷垣禎一自民党総裁が極秘会談
4.17　石原慎太郎東京都知事が、尖閣諸島の3島を都が所有者から買い取る意向を表明
4.26　陸山会事件で東京地裁は小沢元代表に無罪判決。指定弁護士は控訴（5月9日）
6. 4　野田再改造内閣が発足
6. 8　野田総理は大飯原発3、4号機の再稼働が必要と表明
6.26　消費税法改正案が民主、自民、公明3党などの賛成多数で衆院通過。民主党は小沢元代表を中心に57人が反対
7.11　小沢元代表らが新党「国民の生活が第一」を結党
8. 8　野田総理と谷垣総裁、山口那津男公明党代表が社会保障・税一体改革関連法案の早期成立で合意。総理は「近いうちに国民に信を問う」と表明
9.11　尖閣諸島の3島を国有化
9.21　民主党代表選で野田総理が大差で再選
10. 1　野田第3次改造内閣発足
11.14　総理が党首討論で「16日解散」明言
11.16　衆院解散
12.16　衆院選、民主大敗北で野田辞意を表明

野田内閣／支持・不支持

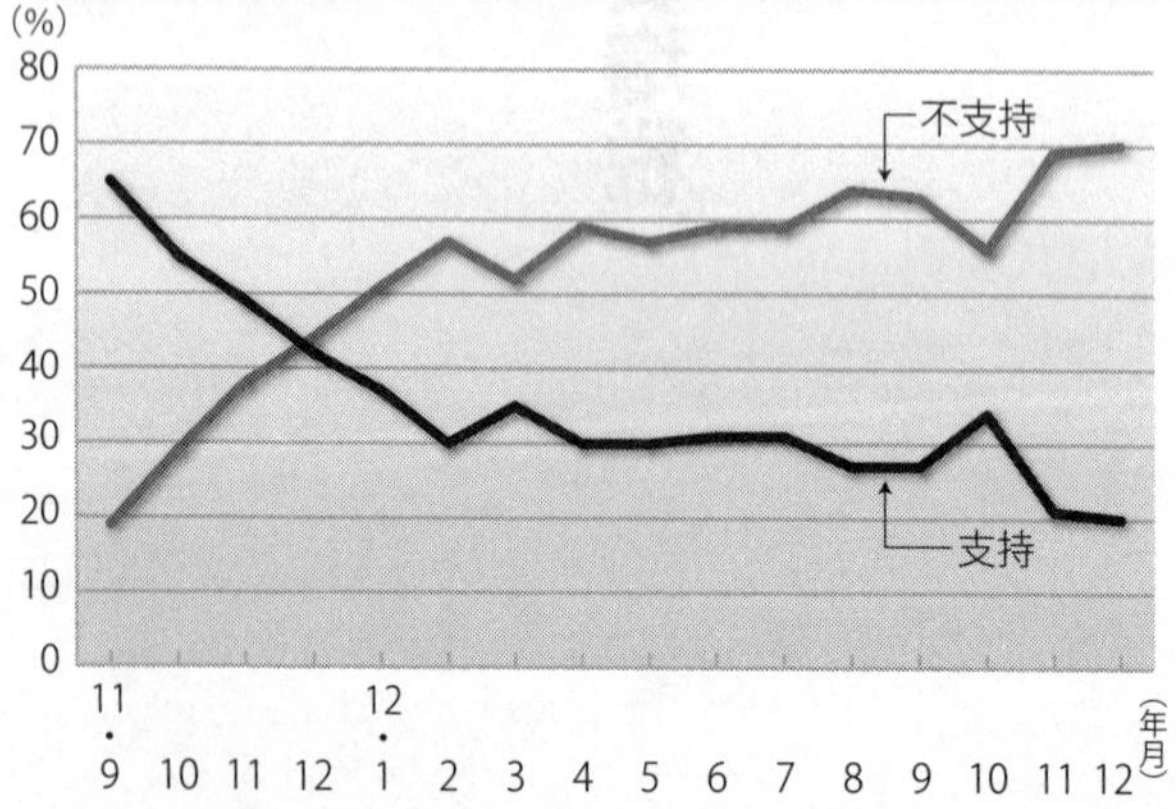

「派閥」でも「支持率」でもなかった野田の登場

細川、羽田内閣の一〇ヶ月を除けば、一九五五年以来続いた自民党による「一党優位体制」は、二〇〇九年の民主党政権誕生で五四年にして終止符が打たれた。しかし、鳩山由紀夫内閣はわずか九ヶ月で崩壊、菅直人内閣も、東日本大震災への対応などが問われて一年三ヶ月で退陣を余儀なくされた。そして一一年九月に誕生したのが野田佳彦内閣だった。野田の「選ばれ方」には実は大きな意味があった。

自民党政権時代、小泉純一郎の前までは、基本的に派閥の領袖が他派閥との「合従連衡」で多数を獲得して政権を取るというのが通例だった。派閥主導の総理選びだった。その中で、数で凌駕していた田中派とその流れをくむ竹下派が一貫して主導権を握ってきた。「派閥の論理」が優先されてきたのである。

「五五年体制」下の自民党は、各種業界団体と持ちつ持たれつの関係を維持しながら、基本的に分配重視の政治を行ってきた。大変な金持ちもいない代わりに大変な貧乏人も作らない、中間層を厚くするという政策をとってきた。社会主義国以上に社会主義的な政治が行われてきたのである。それを支えたのが、同じ自民党でありながら与野党ほどに政策的に開きがある派閥同士の、チェック・アンド・バランスによる政権運営だった。

しかし、小泉政権の五年五ヶ月によって、その構造は根本的に変化する。派閥の論理によって総理大臣が選ばれることはもはや許されなくなった。伝統的手法は通用しなくなったのである。それでは、派閥に代わって何が決め手になったかといえば、「人気」である。世論調査で一番支持率の高い人が選ばれるということになっていった。小泉自身もそうだったし、ポスト小泉の安倍晋三、福田康夫、麻生太郎、鳩山由紀夫、菅直人と、ほぼ一年ごとの総理交代の過程でも、支持率が最大の尺度としてものを言うことになる。

小泉内閣で幹事長と官房長官を務めた安倍は、若さもあって国民の人気は高かった。その後タイプの違う人を選ぶという「振り子の原理」で登場してきたのが福田である。「戦後レジームからの脱却」を掲げ、真正保守のイメージが強かった安倍に対して、福田は女性的なまでの柔らかい印象で、安倍に似て硬いイメージの麻生を人気のうえで上回り、総裁選をものにした。世論調査での支持率で福田は麻生に倍以上の差をつけていた。しかし、その福田がダメになると、今度は麻生が支持率で一番となり、五人で争った総裁選で圧勝することになる。

そして久々の本格的な政権交代とあって、過剰なまでの国民の期待を受けて登場した鳩山内閣は小泉に次ぐ高い支持率でスタートした。その後を継いだ菅も「市民派総理」として、内閣発足当初の人気は高かった。

小泉以降の総理選びは、支持率が最重要の要素になったのである。ところがその結果どうなったのかといえば、安倍以降、そろって一年しかもたないという惨憺たる状況が繰り返される。こんなことでいいのだろうかと誰しもが思う中で登場したのが、野田佳彦政権だった。

記者会見で民主党代表選への出馬を表明した野田財務相。2011年８月26日（写真提供：読売新聞社）

菅直人の後継を決める民主党代表選が行われたのは、一一年八月二九日。その二日前に掲載された朝日新聞の世論調査によると、「次期首相に誰がふさわしいか」で野田は、なんと第四位だった。代表選でも、第一回投票では海江田万里の後塵を拝し、決選投票で逆転することになった。

こうして野田は、小泉以降、初めて「人気投票」によらずに総理大臣になったのである。代表選の際に自らを泥臭いドジョウにたとえた「ドジョウ演説」は、小渕恵三が自分のことを「冷めたピザ」と自虐的に表現したのを彷彿とさせるものだった。ソフィスティケート（洗練）されていないことが好感を持って迎えられたのだ。

その泥臭さで、野田は小渕恵三に似ていると評された。しかし、小渕の次女の小渕優子議員は憤懣やるかたないといった表情で怒ったものである。「小渕はちゃんとやるべきことをやった。野田は何もやっていないではないか」というのである。ただ、政治のスタイルにおいて似ていたのは否めないだろう。いずれにせよ、野田はそれまでの「支持率総理」とは違う何かを、多くの国民に予感させたのである。

野田には「覚悟」があった

野田内閣は、スタートから大きな「負の遺産」を抱えていた。ひとつは東日本大震災である。福島をはじめ被災地の復興がいっこうに進まない状況で、菅直人は道筋をつけることなく退陣を余儀なくされた。野田は否応なく最大の課題を引き継がざるをえなかった。さらに日米関係についても、第四章で述べるように鳩山時代に悪化の一途をたどり、菅のもとでも関係の修復はできなかった。消費税の税率引き上げとＴＰＰ（環太平洋戦略的経済連携協定）の交渉参加に関しては、菅が意思表明はしたものの、何ら前進させることができなかった。

そうした中で、野田が心血を注ぎ、大きく踏み出したのが、消費税の引き上げだった。彼はまず民主党の代表選挙で、消費税率引き上げの必要性を明確に主張する。それを明確に言ったのは、五人の候補者（野田、海江田、前原誠司、鹿野道彦、馬淵澄夫）のうち、野田だけだった。ひとつには、彼が菅政権で財務大臣を務め、それだけ国の財政状況について強い危機感を持っていたということも大きかった。よくある批判だが、野田についても「財務省に洗脳されている」と言われることになる。

野田は民主党代表選挙でも、総理就任後の所信表明演説でも、消費税の引き上げについて明確に述べた。所信表明というのは、いわば国内向けの約束事だったが、その後、一一年一一月四日にはフランスのカンヌで開かれたＧ20（主要二〇ヶ国・地域）首脳会議で、消費税率を二〇一〇年代半ばまでに段階的に一〇％まで引き上げることを、行動計画に盛り込んだ。これによって国際的にも公約になったのである。

とはいえ、国民生活を直撃する消費増税は、実現までに幾多の困難が待ち構えている。最高指導者が表明したからといって実現できるものではない。増税を公約して選挙に勝ったためしはなかった。必ずや政権の体力を消耗させ、退陣を余儀なくされるというのがこれまでの歴史だった。

一九七八年に一般消費税を打ち出した大平正芳は、総選挙で敗れて撤回した。八六年に売上税を提起した中曽根康弘も、世論の強い批判にさらされ、導入は叶わなかった。八八年の竹下登内閣のときに、ようやく税率三%の消費税法の成立に漕ぎ着けた。しかし、政権が受けたダメージは極めて大きく、リクルート事件が追い打ちをかけ、竹下は法案成立六ヶ月後に、総理の座を追われることになる。

竹下総理辞任記者会見。1989年４月25日（写真提供：読売新聞社）

最近は消費税についての国民の理解も、かなり進んだといわれる。街頭でテレビのマイクを向けられると、「これからの日本の社会保障を考えると、消費税の引き上げもやむをえないのではないか」と答える人が多くはなっている。しかし、実際に増税となると話は違ってくる。「国民に負担を強いる前にやることがあるだろう」という拒絶反応が強くなるのが通例である。増税はもっとも難易度の高い政策であり、選挙を控えていれば、なおさら二の足を踏むことになる。

にもかかわらず、野田は「消費税率を二〇一〇年代半ばまでに一〇％まで引き上げる」ことを内外に公約した。後日野田に真意を尋ねたことがある。「自分自身、退路を断とうと思っていたのです」という答えが返ってきた。消費増税について肝心の民主党内で賛否の状況がわからない。しかし、代表が表明したのだから、それを支持するのかしないのかという構図ははっきりするだろう。野党に対しても、本気でやる気があるというメッセージになるはずだ——と、明確な問題意識を持っていたというのである。

消費増税が俎上《そじょう》に上ったとき、野田に確かめたことがある。「本気で消費税に手を付ける気があるんですか。消費税については死屍累々なんですよ。最終的には総理大臣でいることを取るか消費税を取るか、二者択一を迫られますよ。消費税に手を付ければ総理大臣を続けることはできないかもしれない。どっちを取りますか」と聞いたら、「消費税を取ります」ときっぱり言った。決意が本物だったことは、その後の推移を見てもよくわかる。

「二〇年代半ばまでに一〇％」という消費税率引き上げには、当然のごとく民主党内に猛烈な反対があった。ひとつは、民主党が政権を取ったときに、代表である鳩山はむしろやらないと言っていたのだから、国民に対する約束違反になるというものである。さらに消費税を増税すれば景気が悪くなるという、純粋に経済学的な立場から反対だという人も多かった。加えて、増税の前に行政改革をはじめとして身を切る努力をすべきである、やるべきことをやってから国民に負担を求めるべきであるという、もっともと言えばもっともな反対論も根強かった。

仮に、そうした反対論が優勢で、与党内で増税に向けた合意ができなかったら、その時点で野田はアウトである。首尾よく増税法案が出せたとしても国会で通る保証はない。たとえ増税法案が国会で成立したとしても、今度は選挙で国民に信を問わなければならず、その際確実に敗れるだろう。うまくいって過半数を維持できたとしても、大幅な議席減は避けられず、結局、野田は責任を取って総理を辞めざるをえなくなる。

そう考えれば、どちらにしても増税をやるからには、総理大臣のポストを捨てなければならないのである。そのことを、野田自身は十分認識していた。それが「消費税を取ります」という言葉になったのだと思う。これは本物だと思った私は「そうなら応援しましょう」と野田に約束した。

その意味で野田には「総理の覚悟」があったと思う。日本の社会保障を未来にわたって維持するためには、このタイミングでの消費税率のアップは不可避だったろう。それは総理大臣の椅子を懸けるに値するものだった。そう腹を固め、不利を承知で実行に移したのである。

私が政治家を評価する場合の基準は、はっきりしている。国家国民のためならば、自分にとってプラスにならないことでもやる気があるかどうかである。大義のためならば身を捨てる覚悟があるかどうかに、本物の政治家であるかどうかの分かれ道があると私は思っている。だから、困難を承知のうえで消費増税を提起し、法案を成立させた野田を、その一点において評価するのである。

解散のタイミングを誤った

消費税増税への道筋を目に見える形でつけたのが、民主、自民、公明による社会保障と税の一体改革に関する「三党合意」だった。紆余曲折もありながら、一二年六月二一日に開かれた三党の幹事長会談で合意が確認され、消費税増税法案は八月に成立した。

野田にとって幸いだったのは、カウンターパートである自民党総裁が谷垣禎一だったということである。谷垣も財務大臣を経験し、国家財政の深刻さはよくわかっており、消費増税についての共通認識があった。

とはいえ、増税への攻撃次第で政権は倒せるのだから、認識が一致しているだけではダメで、相互の信頼関係が重要になる。この点でも、二人の間では割合うまくいったと言えるだろう。例えば、二〇一二年二月二五日、野田と谷垣はホテルで密会し、話し合いの場を持った。本人たちも側近もこれを隠した。後日、マスコミ報道によってその事実が炙《あぶ》り出されたときは別の見方が出ることになる。「そうかそうか、党首同士ではそこまで進んでいるのか」という認識が永田町では広がる効果を生んだのである。こういう芸当は、お互いの信頼感がなければ不可能なことである。

加えて、野田自身も言っていたことだが、谷垣は「柔らかい保守主義」を標榜しており、穏健な保守という点でも、野田と谷垣は接近できる距離にいた。もちろん、一時的にせよ谷垣が野田に接近するには、彼なりの計算もあったに違いない。やがて総選挙ということになれば、自民党は勝つのは間違いない。政権は再び自民党に返ってくる。そのときに政権与党として消費税増税を実現しようとするとなると、自民党は大きなダメージに見舞われることになる。ならば野田内閣にやってもらい、自民党が政権の座に返り咲いたときには、すでに増税は終わっていた方がよい。「汚い仕事」は民主党にやらせるにしくはなし、というわけである。

この三党合意をめぐっては、党首だけでなく、さまざまなレベルですりあわせが行われた。岡田克也副総理と大島理森《ただもり》自民党副総裁、輿石東《こしいしあずま》、石原伸晃の幹事長同士の会談も持たれた。その中で幹事長同士の会談はうまくいかなかった。輿石と石原が合わないのである。世代が違い、政治スタイルも著しく違った。石原が二人だけの会談で話した内容をしゃべるのも、輿石の不信を買った。信頼関係が成り立たなかったのである。その意味で幹事長ルートはほとんど役に立たなかった、というのが私の見立てである。

さて、是が非でも消費税の増税を実現したい野田内閣に対し、野党自民党が目指したのは一日も早い衆議院解散だった。解散・総選挙になれば民主党の敗北は必至であり、自民党が再び与党に返り咲ける公算は極めて大きくなる。そうした目論見もあって、谷垣は三党合意に乗ったのである。

考えてみれば、野党が増税法案に賛成するなどというのは、前代未聞のことである。自民党からすれば、それだけの大きな代価を払っているのだから、解散するという果実を返してもらわなければ割に合わない。八月八日に行われた民主、自民、公明三党の党首会談の席上、

国会で会談に臨む野田総理と自民党の谷垣総裁。2012年8月8日（写真提供：読売新聞社）

野田は「近いうちに国民に信を問う」ことを表明した。

これに先立つ六月二六日、衆議院本会議で消費税増税を含む社会保障と税の一体改革関連法案が可決されたが、増税に反対する民主党内の小沢グループが離反し、新党「国民の生活が第一」を結成した。そして八月七日、同党は自公を除く野党と共闘して、衆院に内閣不信任決議案、参院に首相問責決議案を提出した。

一方自民党は、野田に参議院での同法案の早期の採決を求め、問責決議をちらつかせていた。速やかに法案を成立させたうえで、早期に解散させようとした。

野田にとって、自民党の動きは予想外だった。三党で合意した社会保障と税の一体改革が当の自民党に批判され、あまつさえ首相の問責決議案に自民党が賛成するのはどういうことなのかと疑問が出るのは当然のことだった。もしもこのタイミングで問責決議が通ったりすれば、法案成立に向けた見通しはさらに不透明なものにならざるをえない。そこで野田は、三党合意を踏まえて、同法案について「早期に成立を期す」ことを確認し、引き換えに「成立した暁には近いうちに国民に信を問う」と約束したのである。これを受けて、野党提出の内閣不信任案及び問責決議案は否決され、増税関連法案は一〇日に参議院で可決、成立したのである。

余談ながら、八月八日というのは、因縁めいた日である。〇五年、総理だった小泉純一郎は自らの内閣の提出した郵政民営化関連法案が衆議院を通過したものの、参議院で否決され、直ちに衆議院を解散した。それが八月八日だった。奇しくも七年後のこの日、政治史に残る決定が行われたのである。

話を野田内閣に戻すと、法案が成立するや今度は「近いうち」がいつなのかが、永田町の最大関心事になっていく。「近いうち」は普通に考えれば、長くて二、三ヶ月だろう。「近いうちに飯を食おう」というのと話は違う。公的な約束なのである。しかし野田は、なかなか決断できなかった。

本人にそんなに延ばそうという気がなくとも、その通りにできない事情があった。「一票の格差」の問題だった。格差を是正しないまま選挙をやれば、「違憲状態」のまま信を問うことになる。まずは定数是正が必要だという意見は、国会内にも根強くあった。その隘路を切り抜けるには、野田が「法案が成立したら、直ちに解散をする」と言明するしかなかった。本当に覚悟があったなら、そうすべきだった。解散を宣言し、国民に対してはこう訴えるべきだった。

「皆さんに負担を強いる消費税増税法案を、我々は決定しました。それは日本の将来にとって、避けては通れないものでした。これから生まれてくるであろう子どもたちに、一〇〇〇兆円もの借金を残すわけにはいきません。社会保障に対する信頼を取り戻すためにも、必要なものなのです。増税分は社会保障費以外には使いません。だからどうか許してほしい」

そう心を込めて話すべきだった。批判を浴びるのは覚悟のうえで、国民に審判を下してほしいと訴えるしかなかった。その堂々さがなかったことが惜しまれる。そうしていれば、民主党は総選挙で敗北は免れなかったものの、あそこまで議席を減らすことはなかった。

そもそも増税法案は、自民党と合意して成立させたものだ。それが問題だとすれば、民主党と自民党は同罪である。少なくとも民主党と自公の間では、消費税は争点になりえないのである。ところが日が経つにつれ、消費税増税で合意したことなどどこかへ行ってしまい、関心は解散の約束を守るか守らないかの一点に絞られてしまった。状況は野田にますます不利になった。「近いうち」と夏場に宣言したからには、年を越すことは許されないだろうという雰囲気の中、結局、追い込まれた形で、一二月に解散・総選挙に踏み切らざるをえなかった。

解散の意向を表明したのも唐突だった。一一月一四日の党首討論で、次の通常国会での衆議院議員定数是正を条件に、翌々日一六日の解散を明言した。これには、新たに自民党総裁に選ばれた安倍晋三も驚いた。まさか党首討論の場で解散を言い出すとは、思ってもみなかったのである。このときの安倍の表情がすべてを物語っていた。

実は、安倍の本音は衆院解散を翌一三年七月まで待っていいというところにあった。七月には参院選がある。衆参ダブル選挙をやれば、自民党は衆議院で多数を占めて政権の座に返り咲くとともに、参議院でも勝って一気にねじれを解消できる。その方が手っ取り早い、というシナリオだった。そんな思惑を覆す提案ではあったが、解散を拒否する理由はない。自民党はそれに乗り、一二月一六日投開票の総選挙で、予想通り圧勝した。

野田が解散時期を遅らせるよう粘り切れなかったのは「嘘つき」批判に耐えられなくなったからだという見方があった。しかし、本人に言わせると、そのことはさして問題ではなかった。気になっていたのは、日本維新の会やみんなの党など、いわゆる第三極が力を持ち始めていたことだった。民主党に代わって第三極が存在感を強めれば、政治はさらに混迷するだろうという懸念が、年内解散を決意させた最大の要因だった。

しかし、遅きに失した。総理主導の解散をやるならば、消費増税法案成立の直後こそ行うタイミングだった。それによって選挙で大幅に議席を減らすことは避けられないにしても、堂々と消費税問題を訴えることができた。自分には決してプラスにならないことでもやらなければならないものがあることを訴えることができた。そうなれば、その心意気を理解してくれる多くの有権者がいたに違いない。「たら」「れば」ではあるが、そうすれば、あれほどの敗北にはならなかっただろう。

みんな小沢に苦しめられた

野田が消費税増税に向けて血眼になっているさ中、元民主党代表の小沢一郎はグループのメンバーを引き連れて離党した。増税法案が衆議院を通過した後に民主党から抜けたのは、小沢自身も含めて衆参両院四九名にのぼった。すべての組織に言えることだが、壊れるときは内部から崩壊していくものである。内部が結束してさえいれば外部からの圧力にはある程度耐えられるが、内部がガタガタになってしまったのでは、どうしようもない。

なぜ民主党はかくも簡単に分裂してしまったのか。その大きな理由のひとつに、重要課題について党内で十分議論がなかったことが挙げられる。消費増税はその典型と言ってもいい。この問題について民主党は、二度にわたって方針を決めている。まず一一年一二月に、段階的に税率一〇%にする基本方針を決定した。普通ならそれが最終決定のはずなのだが、法案として国会提出するときに改めて議論をやり直し、再度決め直した。反対論を抑え切れなかったのが原因だが、一度決まったことにみんなが従わなかったら、政党として成り立たないだろう。

そもそも選挙公約にもなかったのだから、増税には体を賭して反対するという人もいるだろう。その立場を貫こうとすれば、党を出ていくしかない。ただ、政治が直面する課題は消費税だけではない。原発政策に反対だから離党する、TPPの交渉参加に反対だから党を出ていく、沖縄の政策に反対だから党を去るというように、個々の政策が気に入らないからとその都度離党していたのでは、政治家は体がいくつあっても足りない。

自民党も、大変な反対がある中で政策決定してきた。例えば竹下内閣時代の牛肉・オレンジの輸入自由化問題などは、増税よりもっと大変だった。しかし、一人の離党者も出していない。

なぜ離党者が出なかったのか。党の方針を決定する前に、さまざまな場で徹底的に議論してきたからである。賛否が拮抗する問題であればあるほど、落としどころがどの辺かということで共通認識が生まれてくる。一個のオレンジも入れないなどと言っても、それは無理である。とはいえ、一気に自由化することも、農家への打撃を考えるとできるわけがない。結局は一〇年ぐらいの時間をかけて段階的に関税を低くし、その間に農家へ補助金を配り、体力をつくるしかない。そういう形で決着するしかないというコンセンサスが、都市の議員と農村出身の議員との間で醸成されていく。立場上、最初から妥協することはできないので一応戦うポーズは見せるが、議論を重ねてきた結果、着地点についての共通認識が生まれてくるのである。

自民党の事実上の最終的な決定機関である総務会は、長い間全会一致が原則だった。しかし、みんなが賛成するなどということは、まずありえない。それをどのように運営してきたのか。反対する議員は徹底的に反対論を唱える。そして、最後は「こんなところにいられない」、あるいは「トイレに行ってくる」と言って退出してしまうのだ。そして残っている人たちだけで採決する。その結果、全会一致で決定することができる。一方で退席した人も、最後まで反対を貫いたという記録が残る。反対論を尊重し、しかも全会一致の原則を守るためには、これしか方法はないのである。

自民党が五四年間にわたって政権を担うことができた大きな理由のひとつは、不満であっても党の決定に従うという原則を、このような手法も駆使しながら守ってきたことにある。政治において、どちらかが絶対に正しいなどということはありえない。それを前提に、どのように多くの人が納得する形で政策を具現化するか、そのための手法を編み出していくのが「政治の知恵」というものなのだろう。

民主党に話を戻すと、党内の共通認識の欠如は決定的だった。日頃の議論が足りないから、消費増税はやむをえないなどというところまで議論が熟成しない。そして議論が百出、方針決定までの時間がなくなってしまう。仕方なく政調会長や幹事長に一任という形で収拾する。しかし、誰も一任したと思っていない。そこで、また一から議論は蒸し返され、時間がなくなって、一任という繰り返しになる。最後はドタバタの末に離党ということでは、何のために議論しているのかわからなくなる。「寄せ集め政党」ということもあるが、結局、民主党は党内決定の基本ルールを見出せないまま政権党から滑り落ちてしまった。

野田総理との会談を終え、記者団の質問に答える民主党の小沢元代表。
2012年５月30日（写真提供：読売新聞社）

ところで、消費税増税をめぐる党内論議で反対の急先鋒に立った小沢に対し、野田は最後まで妥協点を探っていた。一二年五月三〇日と六月三日、両者は二度にわたって会談した。一度目の会談で、小沢は、増税の前に地域主権を目指した行政改革や社会保障の理念の実現、日本経済の再生などが必要だと主張したことになっている。後にこの点を野田に確かめたところ、そのとき小沢は、なんとしてでもこれだけはやれ、そうすれば賛成するというところまで話は煮詰まっていた。それは何かというと、地域主権を明確にした国家の基本法、国家統治の基本のようなものを出せば消費増税を認めるというところまで歩み寄っていたというのだ。そして野田は実際に基本法を検討させた。

ところが、一度目の会談から一週間経つと、小沢は、消費税は絶対反対という元の姿に変わってしまう。どうして変わったのか。野田の推測ではこうである。小沢にとって、国家の基本法を実現することが目的ではなかったのではないか。そう提案した場合、自民党がどう出てくるかを見ようとしたのではないか。国家基本法が、消費税で態度を変えてもいいというほどに重要だというなら、こちらも真剣に検討させているのだから簡単に反故にすることはないだろう。後でそう思うしかなかったと野田は言うが、こうして小沢グループは離党する。

結局野田は、最後まで小沢に苦しめられることになった。歴代の民主党代表がそうだったように、である。岡田克也に、「代表時代、小沢に対してどのぐらい力を割いたのか」と聞いたことがある。「七割は小沢さんです」と彼は答えたものだ。本来なら自民党に立ち向かわなければならないのに、小沢に気を使い、多くの精力を使い果たしてしまっては戦いにも何もなりはしない。

事ほど左様に民主党内を振り回し、最後は去っていった小沢一郎の政治とはどのようなものだったか。〇六年四月、辞任した前原誠司の後継として小沢が代表に決まった際、私は読売新聞に、「代表になったら、『四ない政治』を脱却しなければダメだ」と書いたことがある。「四ない政治」とは何か。第一に「会議に出ない」。元来ものぐさだというところもあるだろうが、会議に出なければ、そこで決まったことに対して「俺は知らない」と言うことができる。フリーハンドを保てるわけである。しかしこれでは、無責任のそしりを免れえまい。関係者はなんとか出席してもらおうとあれこれ手を尽くす。私に言わせれば、登校拒否児童じゃあるまいし、無駄な精力を使う必要はないと思うのだが、後で文句を言われる煩わしさを考えると、そうはいかなくなる。

第二は「電話に出ない」。「この人とは、もうおさらばだ」となると、その人からの電話に出ないのである。反自民連立政権で、細川護熙の後継に担ぎ上げた羽田孜が総理大臣を辞めるときも出なかった。民主党政権で菅直人が総理を辞めるときにも、電話に出なかったと言われている。自民党時代から、小沢が電話に出なくなったときは、その人との関係を断ち切る前兆だとよく言われたものだ。

「絶縁」をほのめかすだけではない。〝ボス〟である小沢に電話に出てもらえないとは、私に何か足りないところがあったのではないか、気に障ることをしたのではないかと疑心暗鬼にとらわれる。そして、いろいろ手を打とうとする。その動きを、小沢は冷徹な目で見ているのである。窮地に陥れば人間関係の濃淡がより露わになる。「ああ、彼と彼は仲がいいんだな」という情報も、併せて手に入れるという寸法だ。

第三は「丁寧に説明しない」。小沢の本領は参謀として策略をめぐらすことにあり、演説や質問はあまり上手とは言えない。本人もそれを自覚しているせいか、誠心誠意説明して理解してもらおうという発想は乏しいと言わざるをえない。

第四は「本音を明かさない」。本音をなかなか見せないというのは政治家の常ではあるが、小沢の場合は側近議員が小沢の意向だと称して、しばしば代弁する。この「間接話法」「翻訳手法」が小沢の強みになっている。小沢の真意がわからないまま話が増幅され、不気味ささえ漂わせ、「小沢神話」が作られていくのである。

いずれも党の代表としては克服すべき課題だと思って書いたのだが、こうして振り返ってみると、小沢自身のパーソナリティに加えて、自民党時代に、切った張ったの権力闘争をくぐり抜けてきたことによって、特異な政治スタイルに拍車がかかったのではないかと思うのである。それはまた民主党の体質とはかなり違ったものだったとは言えるだろう。

〇三年九月、菅直人代表時代に、民主党は当時小沢が党首だった自由党と合併した。自由党はどんどん党勢を弱め、結党時に五〇人強いた議員は三〇名程度まで減り、存在感が薄れかけていた。民主党の側には、小泉自民党政権下で野党勢力の結集を図りたいという事情があった。そういう状況下で一緒になるのだが、そのとき私は当時幹事長だった岡田克也に言ったことがある。「あなたたちは〝赤ずきんちゃん〟なんです。窓を開けたらおしまいですよ。狼（小沢）にみんな食われてしまいますよ」と。

普通政党同士が合流する際には、新しい名称を考える。まして対等合併というなら、新たな名前にしようとするものである。しかし、小沢サイドは、民主党のままでいい、ポストも要らない、政策もそちらに従う、という条件で、自由党は解党し民主党の一員となった。しかし、その後の経緯を見れば、民主党は庇を貸して、母屋を侵食されていったのである。

「小沢とは合わない」ということを、野田もずっと感じていた節がある。野田はそもそも日本新党で、一九九三年七月の衆院選に出るが、その前は千葉の県会議員だった。そのときに地元の千葉日報のインタビューで、「初夢は何でしたか」と聞かれ、野田は「小沢一郎さんを逆エビ固めでギブアップさせた」と答えている。体質的には自民党そのものの小沢をギブアップさせる、「それが自分が政界に挑んでいくときの意気込みだった」と述べている。

こうしてみると小沢と民主党はそもそも著しく政治文化を異にしていたと言わざるをえない。最後まで小沢の意向がよくわからない。だからそこに信頼関係が生まれにくい――。野田だけでなく、岡田も前原も、思いは同じだったに違いない。そこに、民主党の大きな不幸があった。

第四章

鳩山由紀夫にみる「政治の軽さ」

「虚の決断」の罪深さ

鳩山内閣の出来事

2009. 9.16	民主党の鳩山由紀夫代表を第93代、60人目の総理に選出
9.21	鳩山総理が米国を訪問。中国の胡錦濤国家主席と会談
9.23	総理がオバマ米大統領と会談
11.13	オバマ米大統領が来日。2回目の首脳会談
11.27	行政刷新会議の事業仕分け終了。削減目標の3兆円圧縮に届かず
12.14	総理が来日した中国の習近平国家副主席と会談。15日には天皇陛下が習氏と会見
12.15	「普天間問題」で06年の日米合意を見直し、移設先を改めて選定する方針を決定
2010. 1.6	藤井財務相が辞任。後任に菅副総理・国家戦略相
2.4	東京地検が石川知裕衆院議員ら3人を政治資金規正法違反で起訴。小沢氏は嫌疑不十分で不起訴
3.9	外務省の有識者委員会が日米間「密約」検証の報告書を岡田克也外相に提出
4.12	総理がワシントンでの核セキュリティ・サミットの夕食会で、オバマ米大統領と非公式会談
5.4	普天間問題で総理が初の沖縄訪問。仲井眞弘多知事らと会談し、県内移設を表明
5.23	総理が2度目の沖縄訪問。同県名護市辺野古周辺への移設案を仲井眞知事に説明
5.28	普天間問題で、名護市辺野古への移設を明記した政府の対処方針を閣議決定
5.30	社民党が連立政権からの離脱を決定
5.31	総理が中国の温家宝首相と会談
6.2	総理が民主党両院議員総会で辞任する意向を表明

鳩山内閣／支持・不支持

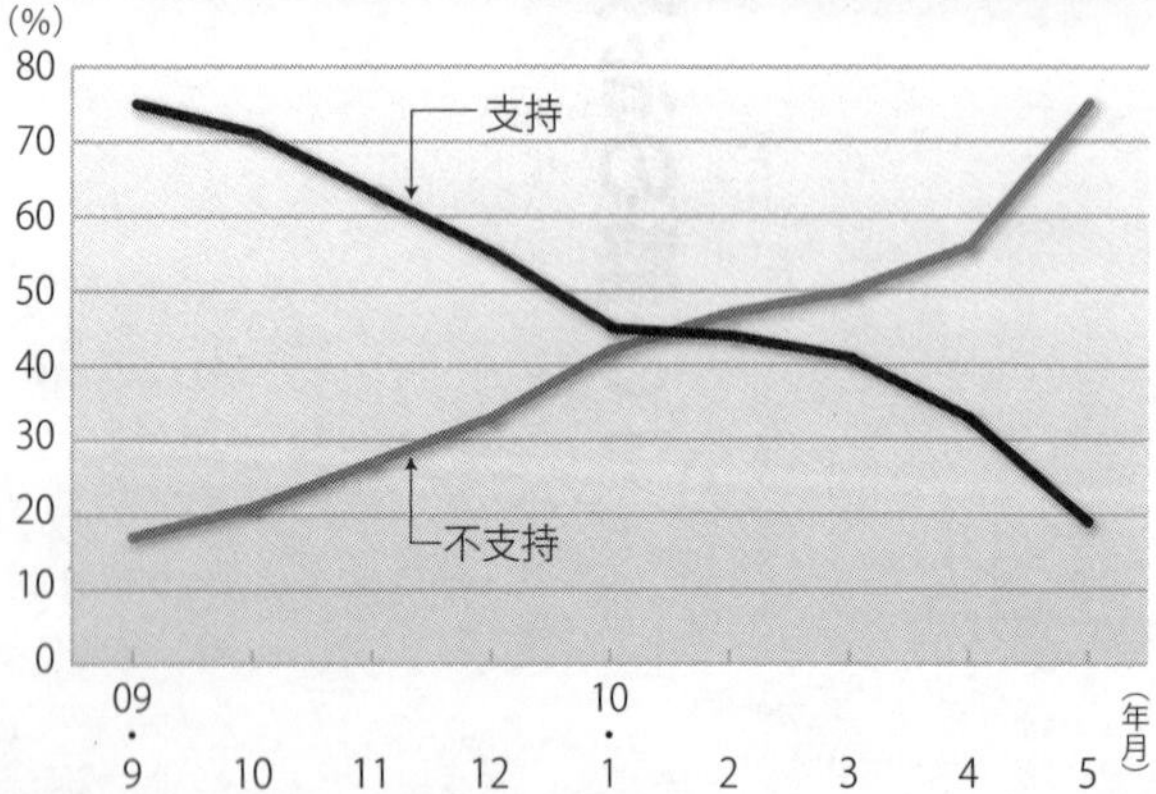

不幸な過大評価

二〇〇九年九月、戦後長く政権の座にあった自民党は下野し、民主党鳩山由紀夫政権が誕生した。その期待がいかに大きいものだったか。何よりも支持率の異常なまでの高さが物語っている。読売新聞の調査によると、鳩山新内閣支持率は七五％で、小泉純一郎内閣の発足時に次ぐ高さだった。なぜこれほどの期待を集めたのか。

まずなんといっても、五四年ぶりの本格的な政権交代が実現したということが大きかった。日本では自由民主党というひとつの政党が、一九五五年以来、細川内閣の八ヶ月、羽田内閣の二ヶ月間を除いて、ずっと政権党であり続けた。これは先進国では例を見ないことである。

アメリカはオバマ民主党政権の前はブッシュ共和党政権が八年続いた。その前は民主党のクリントンが八年、さらに共和党の〝パパ・ブッシュ〟四年、レーガンの八年というように、民主、共和両党が代わりばんこに政権を担当している。イギリスも保守党のキャメロンの前は同党のブラウン、その前が労働党のブレアだった。他の諸国も同様で、政権交代がないのは北朝鮮と中国ぐらいと言ってもいい。そんな「特殊な国」で、半世紀ぶりに政権が交代したことに国民は熱狂し、高い期待をかけたのである。

歴史的な政権交代の背景には、伝統的な自民党政治の完全な行き詰まりがあった。確かに小泉は一時的に自民党を再生させた。農業団体や医師会や建設業界といった古くからの自民党支持組織を切り、自民党のウイークポイントだった無党派層の獲得に成功した。郵政を徹底的に悪者にして民営化を断行し、喝采を浴びた。しかし、自民党というレベルで見れば、小泉が去った後に何が残ったか。小泉に切られた部分はもはや戻ってこない、小泉を支持した無党派層は、小泉が去れば自民党を離れてしまう。民主党政権が登場した背景は、大きく見ればそうなるだろう。

鳩山政権の船出は順調に見えた。鳩山は「友愛」などという、普通の政治家ならば恥ずかしくて口にできないような言葉も、自然に堂々と使った。そうしたところに、国民が旧来の自民党政治にはない、ある種の新鮮さを覚えたのも事実である。

鳩山は政権発足から六日目の九月二一日夜、国連総会出席のために夫人と政府専用機に乗り込んで、ニューヨークに向かう。着いてすぐに会ったのが、中国の胡錦濤国家主席だった。それが鳩山の外交デビューだった。その会談で日中間の懸案だった東シナ海のガス田開発問題を取り上げ、「諍《いさか》いの海ではなく友愛の海にしたい」と語る。会議ではオバマ大統領が提

険しい表情で民主党政権の目玉政策・事業仕分けの質問をする蓮舫行政刷新相。2010年11月16日（写真提供：読売新聞社）

唱していた「核なき世界」の実現に強い共感を示し、「非核三原則の堅持を改めて誓う」と表明した。

　鳩山はまた、二〇二〇年までに温室効果ガスの排出を一九九〇年比で二五％削減すると表明した。それらの言辞は民主党の「コンクリートから人へ」、脱官僚・政治主導、地域主権といったスローガンとも相まって、日本の政治に何か新しい世界が開けてきたかのような強い印象を、人々に与えたのだった。

「何かが変わるぞ」という国民の大きな期待と支持。その高まりはしかし、振り返ってみれば民主党にとってまことに不幸なことだった。周囲のあまりの熱狂が、政権交代を明治維新になぞらえるような、過大な自己評価を生んでしまったのだ。その結果、自民党が築いてきたあらゆるものをひっくり返さなければならなくなる。そして自分たちにはそれができる、という過信になっていく。結局「コンクリートから人へ」も、政治主導も、何もかもが極めて強引な形で推し進められることになってしまった。「コンクリート」は本当に必要ないものなのかという検討などないままに、しかも政治的な技術にも習熟していない中で、掲げたスローガンだけを実行しようと試みた結果、政権は見るも無残なことになっていくのである。

「半世紀も政権交代のなかった日本は、特殊な国」と述べたが、自民党がなぜそれほど長く政権の座にあったかについては、ちゃんと理由がある。改めておさらいしておきたい。

第一は、国際政治における日本の位置である。自由主義陣営と共産主義陣営が厳しく対峙する東西冷戦下にあって、日本は自由主義陣営の一員となった。米国の圧倒的な影響下で戦後の復興、繁栄を実現した。社会主義政権が許されるわけがなかった。

第二は、これまでも何度も述べているように、「振り子の原理」による擬似政権交代である。「待ちの政治」の佐藤栄作の後には「決断と実行」の田中角栄、「金権角栄」が批判を受けると「クリーン三木」が登場する。中曽根「大統領型」リーダーシップの後を継いだのは「調整型」の標本のような竹下だった。このように、自民党内の政権交代であるにもかかわらず、あたかも野党に政権が移行したかのような印象を国民に与えることで、新鮮さを保ってきたのだ。

第三に、政策が極端に走らなかったことも非常に大事な点だろう。「右」も「左」も包み込んだ、日本的な中庸に大きな特徴があった。保守党でありながら、むしろ社会主義的なまでの「分配」重視の政策を進めてきたのが自民党だった。白か黒か、善か悪かの「二元論」に傾きがちの欧米政治とは異なる、「あいまいさ」も認める日本的な風土に合うような政治を進めてきたところに、超長期政権の秘密がある。民主党には自民党の歴史から学ぶ謙虚さが必要だった。

どうして鳩山政権は失敗したのか。その原因は、政治的には二つあると言っていい。第二章で、カムバックを果たした安倍晋三に、「政治とは可能性のアートである」というビスマルクの言葉を引いて、政治のリアリズムに徹する必要があることを注文したと書いた。政治とは究極的には、理想を掲げながらも、実現への道程を探り続ける芸術であり、技術なのである。その根本のところが理解できていなかったのではないか。

政治とは一筋縄ではいかないものであり、事を成すにあたっては周到な準備が不可欠である。そのためにも地道な努力の積み重ねが大事であるという謙虚さが必須なのである。そもそも国のトップには、政治ができることには限界があるという、ある種の「諦念」が必要であり、己の限界をわきまえながら全力を尽くすべきなのである。自分は全知全能の神だ、というような誤解をしてもらっては困るのだ。

鳩山内閣で内閣官房副長官になった元通産官僚の松井孝治と、内閣官房参与に任命された平田オリザの二人は、所信表明演説をはじめとする鳩山の演説執筆に関わった。演出家の平田は、間の取り方といった「演説手法」についてもアドバイスしていた。その二人がまとめたのが『総理の原稿』（岩波書店）という本だ。この中で松井はこういうことを言っている。「国民生活の現場において、実は政治の役割は、それほど大きくないのかもしれません」というくだりを、鳩山がすごく気に入っていたのだ、と。

この言葉がもし「政治には限界がある。その限界をわきまえながら、謙虚に一歩一歩進めていかなければいけないのだ」という考えを表明したものであるならば、とても大切なことである。そうではなくて、ただ、自分ができなかったときの弁解に使うのならば、こんなに都合のいい言葉もないのかもしれない。鳩山の場合、本人が意図したのかどうかは別に、この言葉は後者の意味になってしまった。国民にとってはとても不幸なことになってしまったのである。

平田はこの本で、「『基本方針』通りに全部やればよかった」と書いている。要するに、言ったことと実際の行動、そして結果には大きな落差があったということだろう。この落差の大きさもまた、鳩山政治の大きな特徴だった。

「ガラス細工」が粉々に

鳩山の「言行不一致」の典型例が、沖縄の米軍普天間基地の移転問題だった。普天間を「国外」「県外」に移すという方針は、民主党のマニフェストにうたわれていたものではなく、鳩山自身が打ち出したものだ。

政権交代前まで、普天間基地は同じ沖縄の名護市辺野古地区に移転するという方向で、多くの人が苦労に苦労を重ねてガラス細工のように積み上げ、あと一歩のところまで漕ぎ着けていた。しかし、総理になった鳩山が「国外」「最低でも県外」への移設を確約したことで、辺野古である必要はなくなった。話は振り出しに戻ってしまった。沖縄の外に行ってもらえるなら、こんないいことはないのだから。

問題は、「国外」「県外」が実現できるという根拠があったのかどうかということだ。根拠

総理官邸で日米共同記者会見に臨む鳩山総理とオバマ大統領。2009年11月13日（写真提供：読売新聞社）

のないことが後で判明する鳩山の言動は、沖縄県民を怒らせ、国民を呆れさせたばかりでなく、同盟国アメリカの不信を募らせた。〇九年一一月一三日、オバマ大統領がエアフォースワンで来日、日米首脳会談で普天間問題が重要な議題になった。このとき、鳩山の口から飛び出したのが、「トラスト・ミー」というフレーズだった。

「できるだけ早く結論を出すから、どうか私を信じてほしい」と、鳩山は大統領に対して胸を張ったのである。「OK」と頷いたオバマは、〇九年内に新しい移設候補地を見つけるか、あるいは現行計画通り辺野古の着工を決断する、と受け止めた。

この後、シンガポールでのAPEC（アジア太平洋経済協力会議）首脳会議を控えていたが、翌日に天皇陛下主催の昼食会が予定されていたため、オバマは日本にとどまる。そのオバマを日本に残して、鳩山は一足先にシンガポールに飛んだ。賓客を置き去りにして自分だけ先に目的地に行くということ自体、相手にとってはかなり失礼なことだった。

普天間に関する鳩山発言が大きく問題になるのは、ここからだ。一四日、オバマ大統領は東京・サントリーホールでアジアの外交政策についての演説を行い、首脳会談の成果をこう語った。

「沖縄駐留米軍の再編に関して両国政府が達成した合意を実施するために、共同作業グループを通して迅速に進めていくことで合意しました」

この演説は午前中に行われ、オバマはその夜、シンガポールに着く。一方、シンガポールに先乗りした鳩山は、同行した記者団との懇談で、「オバマ大統領の気持ちとすれば、辺野古移設という日米合意が前提だと思いたいだろうが、もし合意が前提だと言うなら、作業部会を作る必要はない」と言い切る。そして「結論を出すのは年末まで、と約束したわけではない」と付け加えたのだ。オバマにすれば、あの「トラスト・ミー」は何だったのか、ということになる。

翌二〇一〇年四月、ワシントンで開かれた「核セキュリティ・サミット」を機会に、オバマは一三ヶ国の首脳級との公式会談を組んだ。特に中国の胡錦濤国家主席とは、九〇分も会談した。ところが鳩山との公式会談は予定されず、日本側が頼み込んで確保したのが夕食会での一〇分間だった。オバマの隣の席だったので実現した非公式首脳会談だったが、終了後鳩山は、「五月末までに決着させる、と私の方から申し上げた」と、その成果を強調した。

しかし、オバマは、「あなたは私を信じてほしいと言ったにもかかわらず、何も進んでいないではないか」と、不満を露わにしたという。"Can you follow through?"（「きちんと最後までできるのか？」）とまで言ったというから、これはもうほとんど強い不信の表明である。

そもそも「国外」「最低でも県外」の、どこに根拠があったのか。これは今もって、よくわからないままだ。例えば三月三一日の国会での党首討論で、鳩山は、「腹案を持ち合わせている。現行案と少なくとも同等かそれ以上に効果のある案だと自信を持っている。命懸けで体当たりで行動してまいる。必ず成果を上げるので、政府を信頼していただきたい」と、大見得を切った。しかし、その後「成果」の片鱗も見せることはなかった。なぜあのとき、自信満々の発言ができたのかは、謎であるというしかない。

「日米中というのは正三角形だ」というのが鳩山の持論である。アメリカに対して必要以上に対等でありたいという意識に支配されているとしたら、その代償はあまりにも大きかったと言わざるをえない。

演説は斬新だったが……

時間の経過によって発言内容が変わるというのも、鳩山の大きな特徴だった。鳩山が民主党の幹事長時代、自民党の人たちに「鳩山さんは朝と昼と夜で、言うことがまったく違う。どれを信用すればいいんですか？」と聞かれたことがある。私は、「そのときは翌朝まで待てばいい。また変わるから」とアドバイスした。笑い話のようだが、彼の場合は本当にそうなのだ。要するに、聞いた話がどんどん「上書き」され、「最新情報」をそのまま口にするという癖がある。本人としては、その時々の気持ちをいとも素直に話しているにすぎないが、時々の言葉を信じた相手の信頼を失うことになる。それが首脳会談だったら、国家対国家の信頼関係というレベルの話になってしまうわけである。

鳩山は、話の下手な総理大臣ではなかった。松井・平田ラインを中心に文章を練っていたこともあり、彼の演説は従来の総理のそれに比べて、斬新さを持ち合わせていた。ちなみに、それまで所信表明演説や施政方針演説というのは、それぞれの役所から出される「短冊」と呼ぶ官僚の作文をつなぎ合わせ、それに総理の言いたいことを少し足してまとめていくのが常だった。鳩山の場合は、あくまでも総理の意向を基に、松井らが書き起こしていたのだ。

例えば、一〇年一月の施政方針演説では、「いのち」を連発した。「働くいのちを守りたい」「世界のいのちを守りたい」「地球のいのちを守りたい」と、「いのち」が二四回も出てくるのだ。自らの信条をこうした形で表現するというのは政治家にとって大事なことで、演説としては画期的だった、と私は評価する。

だが、その大事な言葉が、鳩山が口にするとどうしても空疎に響いてしまう。発言と行動が一致しないからであり、言うことがくるくる変わるからである。そうした資質に加えて、彼を取り巻く状況もマイナスに働いた。例えば母親から毎月一五〇〇万円もの金銭的援助を受けたということも批判の対象になった。大枚の「子ども手当」をもらっている人間に「友愛」などと言われても、しょせん金持ちの慈善事業ではないのか、と思われてしまう。どんなにうまい言葉を連ねても、「庶民感覚のない人間に、毎日額に汗して苦労している人間の気持ちがわかってたまるか」と、額面通り受け取ってもらえないのは、鳩山の宿命だったとも言える。

カネの問題について鳩山は〇九年一〇月の所信表明演説で、「政治資金をめぐる国民の皆さまのご批判を真摯に受け止め、政治家一人ひとりが襟を正し、透明性を確保することはもちろん、しがらみや既得権益といったものを根本から断ち切る政治を目指さなければなりません」と高らかに宣言した。当然ながら、それではあなたのカネの問題はどうしたのかと問われる。そこで続けて、「私の政治資金の問題によって、政治への不信を持たれ、国民の皆さまにご迷惑をおかけしたことを、誠に申し訳なく思っております。今後、政治への信頼を取り戻せるよう、捜査に全面的に協力をしてまいります」と述べるのだ。

自らの資金管理団体による政治資金規正法違反事件について「謝罪」しているわけだが、その人が「政治家一人ひとりが襟を正すべきだ」などと人に説教できるのか。ひたすら謝るべきではないのか。恥ずかしくて人にとやかく言えないと思うのが、普通の人の感覚というものではないのか。そう思われてしまうのである。

こうした発言を繰り返すうち、政権交代の顔だった鳩山の輝きは、急速に色あせていく。幾多の秀才を輩出した家系に連なり、経済的にすこぶる恵まれた環境の中で育ったことは、鳩山の政治家人生において大きなアドバンテージだったろう。反面、そのことがマイナスに作用したことも随分あっただろう。

問題提起をする、あるいは逆に問題を起こす。そうした場面で、結局は誰かがやってくれるという、無意識の〝甘え〟の意識がずっとあったのではないか。普天間に代わる基地について「国外」「県外」と自分が言えば、きっと誰かがやってくれるだろうと思っていたのではないか。そうでなければ、あれだけ公言しながら何も手を打っていないということがどうしても理解できないのである。

橋本龍太郎との比較

普天間基地の移設問題への鳩山内閣の対応について、もう少し詳しく見てみよう。物事を自分で解決しようとしない総理は、自らが提起したはずの米軍普天間基地の「国外」「県外」移設についても、迷走に迷走を重ねた。一〇年五月には二度沖縄を訪問し、最後は「辺野古でお願いするしかない」と仲井眞弘多《ひろかず》知事に頭を下げた。

このときの沖縄訪問について、「あえて火中の栗を拾おうとした」と評価する向きもあった。しかし、それはあたらない。地元に自らの考えを伝え、なんとか理解を得ようと思っていたなら、もっと早くから何度も何度も沖縄に足を運んだであろう。国と沖縄県民との板挟みになっている仲井眞知事や、辺野古のある名護市で政府案受け入れの苦渋の選択をしようとしていた当時の島袋吉和市長といった人たちと、膝を交えてお願いしただろう。それをやらずして、鳩山の得意なフレーズである「沖縄県民の思い」も「県民の心」も、わかるはずがない。「国外」「県外」は何の裏付けもない、単なる「妄言」にすぎなかったのである。

普天間飛行場の視察を終え、飛行機の爆音に空を見上げる鳩山総理。2010年５月４日（写真提供：読売新聞社）

その点、普天間基地の返還をクリントンに約束させた橋本龍太郎は、沖縄の人たちとの間に、心の絆と呼べるものを持っていた。普天間の代替基地について説明するために沖縄に出向いた橋本は、市町村長たちを前に自らの思いを語る。それを聞いた出席者たちが、目を真っ赤にして会場から出てくるシーンは、今でも私の目に焼き付いている。

普天間基地の辺野古への移転は、これまで多大なる負担を強いている沖縄に、さらに新たな負担を強いる辛いことである。まして、一度は沖縄以外に移すという期待を抱かせてしまった。まことに申し訳ないことだが、耐えていただくよう、ひたすらお願いするしかない。その代わり他の基地の負担をできるだけ少なくするように全力を挙げなければならない。鳩山にそういう気持ちが本当にあったのか。あったなら、もっと違った行動になっていたに違いない。この人は心から自分たちのことを考えてやってくれている、という姿勢を見せられると、少々厳しいことでも、受け入れてもらえることはあるのだ。

沖縄の人たちにぬか喜びさせただけで、八ヶ月もの間何もしないで放置した。沖縄の人たちの不信感はさらに強くなった。罪は極めて大きいと言える。

最大の功績は「小沢切り」

そんな鳩山も、やるときはやるという姿を見せたことがあった。鳩山の唯一最大の〝実績〟は、自分が総理を辞めるときに小沢一郎を道連れにしたことだろう。

自身の脱税問題や普天間をめぐる混迷、小沢の不正蓄財問題などが響いて、内閣支持率が二〇%を切るレベルにまで低下する中、鳩山は一〇年六月二日、民主党両院議員総会で辞任を表明した。これに先立ち、五月三一日と六月一日の二回、鳩山、小沢、それに輿石東参議院議員会長の三人による会談が持たれた。その席で、鳩山は自ら総理、党代表を退く意思を明らかにするとともに、小沢にも幹事長の辞任を求め、小沢もそれを承諾したのだった。

そのとき、ある議員が漏らした言葉は、正鵠を射ていた。

「頼りない殿様が、最後の最後、自刃する瞬間に評判のよろしくない家老と刺し違えたな」

小沢の首に鈴をつけるのが、いかに大変なことか。鳩山にしかできないことだったのかもしれない。逆に言えば、それができるのだったら、沖縄についても自分の命を捨ててもいいぐらいの気持ちでやってみたらどうだったのか、と言いたくなる。勇気を見せたのが最後の最後のときだけだったというところは、寂しい限りだった。

民主党両院議員総会で目に涙を浮かべながら辞任表明する鳩山総理。2010年6月2日（写真提供：読売新聞社）

五四年ぶりの政権交代によって、鳴り物入りで登場した鳩山由紀夫内閣は、こうしてわずか九ヶ月弱で崩壊した。道は険しくとも、理想を掲げ、理想の実現に挺身《ていしん》することは、政治にとって大事なことである。しかし、繰り返しになるが、その理想は常に実現可能性とのつばぜり合いの中で、磨き抜かれていかなければならない。鳩山内閣では、その「磨く」作業がおろそかにされていたという気がしてならない。

何も鳩山だけではないかもしれない。それはまた民主党全体に蔓延した病のようなものだった。例えば、民主党の政策の看板だった事業仕分けによって捻出し得たのは、一〇年度概算要求レベルで七五〇〇億円だった。三兆円という目標との間にはあまりに大きな開きがあった。マニフェスト（政権公約）が一〇〇％実現できないのは決して珍しいことではない。目標を立てて努力するのも間違ってはいない。むしろ必要で大事なことである。問題は、その目標数字がどれほど詰めたうえで出てきたものだったか、実現のためにどれだけ努力したかだ。その厳しさが足りなかったがゆえに、信頼ががた落ちになってしまうのである。

私は、民主党政権を「切れる刃物を持った子どものようではないか」と評したことがある。権力があるのだから、切ろうと思えばいろいろなものが切れる。しかし、実際の政治は、それではうまく回らない。権力を持っているからこそ、その行使において慎重でなければならず、地道に、謙虚に物事を進めていく必要がある。にもかかわらず、自らの力を過大評価するあまり、何でもできる、何でも変えられるという「全能の幻想」を持ってしまったところに大きな不幸があった。

鳩山内閣の崩壊は、少なからず浮世離れしたところのある鳩山の性格、個性の問題と、民主党が構造的に持っていた弱点の二つがマイナスに融合してしまった結果だったとも言えよう。

第五章

菅直人にみる「唐突の政治」

「自己無謬論」の陥穽

菅内閣の出来事

2010. 6.8	菅代表が第94代、61人目の総理に就任
6.17	総理が記者会見で、自民党が公約した消費税率10%への引き上げを「一つの参考にしたい」と発言
7.11	参院選。民主党は改選10議席減の44議席に
9.14	民主党代表選で総理が小沢一郎元代表を破って再選
9.25	中国漁船衝突事件で、那覇地検が逮捕された中国人船長を処分保留のまま釈放
11.4	尖閣諸島沖の中国漁船衝突事件を海上保安庁が記録したビデオ映像がインターネットに流出
2011. 1.31	小沢元代表が資金管理団体「陸山会」の政治資金規正法違反事件で強制起訴
2.10	総理が小沢元代表と会談。自発的な離党を求めたが、元代表は拒否
2.17	小沢元代表に近い民主党衆院議員16人が、同党の衆院会派からの離脱願を提出
3.11	午後、東日本大震災が発生、東京電力福島第一原子力発電所も被災。政府は緊急災害対策本部を設置。原子力緊急事態宣言も発令
3.12	総理、福島第一原発など被災地を視察
3.19	総理が自民党の谷垣総裁に電話で入閣を要請。谷垣氏は拒否
5.6	総理が中部電力に浜岡原子力発電所の停止を要請。中電は9日、停止要請を受け入れ
6.2	総理が民主党代議士会で退陣表明
8.10	総理が特例公債法案と再生可能エネルギー特措法案の成立後の退陣を明言
8.23	総理が閣僚懇談会で30日の内閣総辞職を表明

菅内閣／支持・不支持

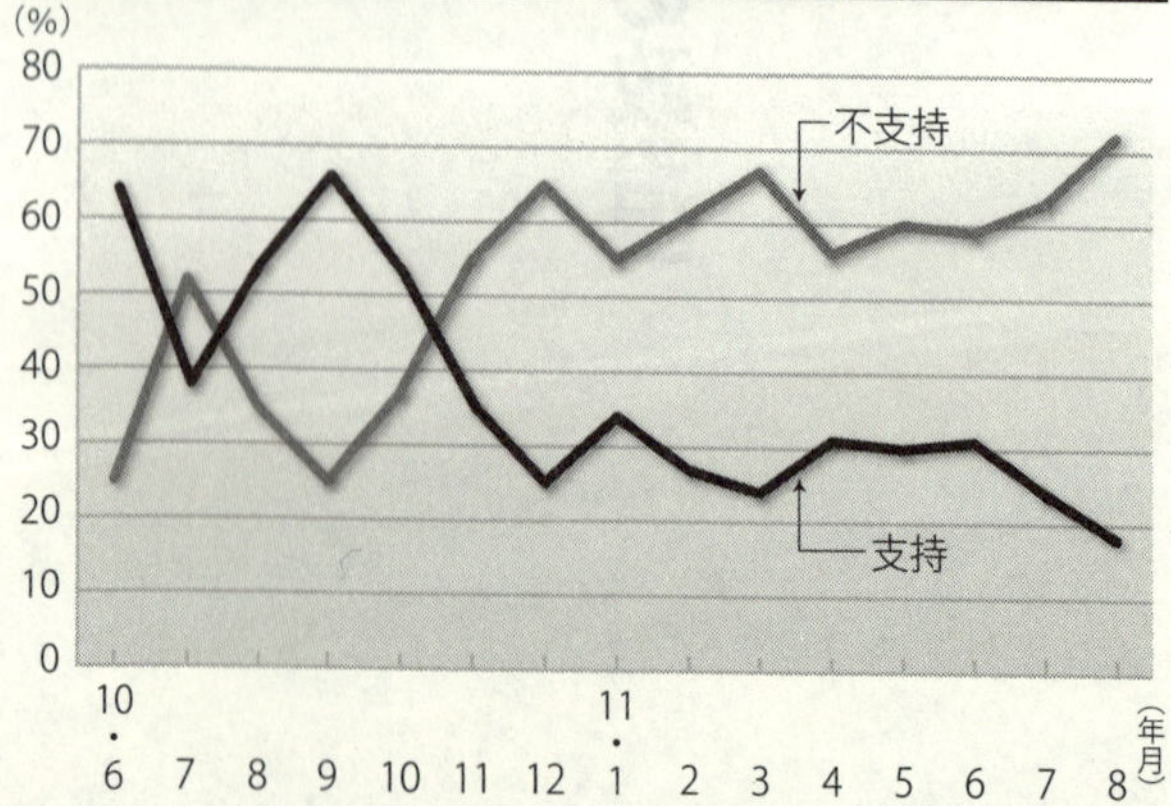

「脱小沢」で勝ち取ったV字回復

政権運営で迷走を重ね、民主党政権に対する期待と信頼を大きく傷つけ、退陣時には内閣支持率が二〇％を切るところまで落ちた鳩山内閣だったが、後を継いで二〇一〇年六月八日に誕生した菅直人内閣は、発足時の支持率を一気に六四％まで回復した。なんと歴代五番目の高さである。見事にV字回復を果たした大きな要因は、「脱小沢」色を鮮明にしたことだった。

小沢は、自らの資金管理団体である陸山会の政治資金規正法違反事件で窮地に立たされていた。その一方で党内的には、依然として議員数が一〇〇人とも一五〇人とも言われた「小沢グループ」を率い、強い影響力を保っていた。菅はまず新政権の人事で、露骨なまでの「小沢外し」を断行した。反小沢の急先鋒である仙谷由人をあえて官房長官に起用し、仙谷と兄弟分のような関係にある枝野幸男を幹事長に据えた。

さらに小沢本人に対しても、「静かにしていていただく方がいい」と要請した。小沢の側にも、鳩山退陣と同時に自分も幹事長を降りたばかりなので、露骨に力を行使できないとい

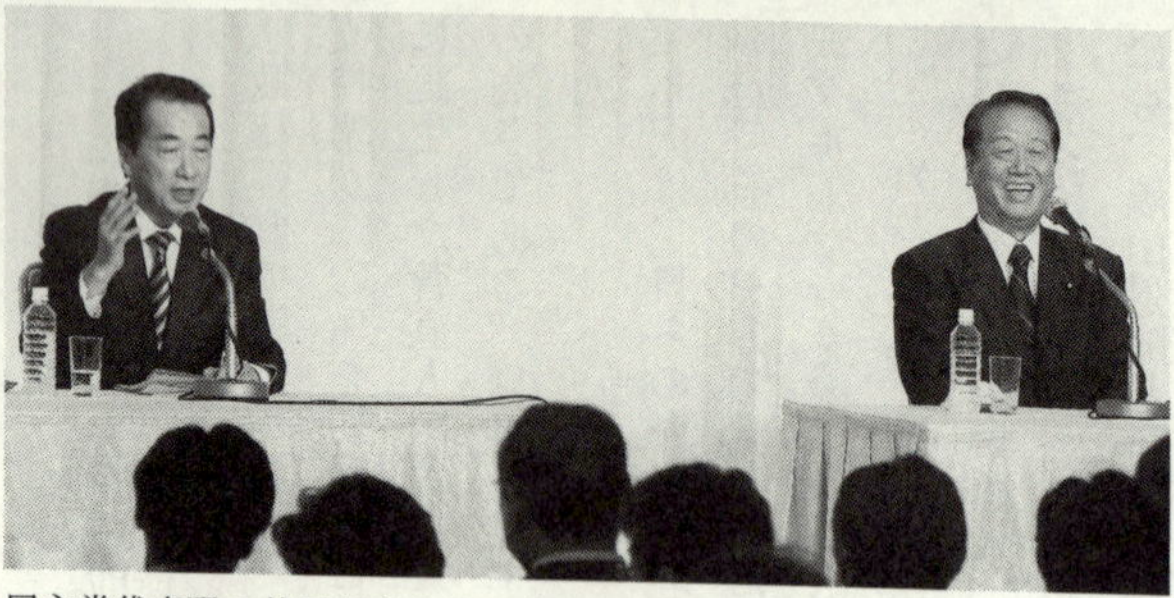
民主党代表選の共同記者会見で菅総理の厳しい指摘に苦笑いする小沢前幹事長。2010年９月１日（写真提供：読売新聞社）

う事情があった。党内の軋み、軋轢は別にして、「脱小沢」色を鮮明にしたことは対世論的に見れば、菅にとって大きくプラスに作用したのは間違いなかった。

しかし、政権が綻びを見せ始めるのも早かった。六月八日に発足した内閣は、早くも一一日には、連立を組んでいた国民新党代表の亀井静香が金融・郵政改革担当大臣を辞任するという事態に見舞われた。郵政改革法案の通常国会提出を見送る、という菅の方針に反発したのがその理由だった。

そしてその一週間後、六月一七日に記者会見を開いて発表した、翌月に迫った参院選の民主党マニフェストがまた物議を醸す。「消費税増税はやらない」と言っていた鳩山前総理の発言を翻し、税制の抜本改革について「早期に結論を得ることをめざして」、「協議を超党派で開始します」と明記したのである。消費税の税率について菅は会見で、

「自民党が公約にした、消費税率一〇%をひとつの参考にしたい」とまで踏み込んだ。

野田総理の章でも述べたが、総理が増税を口にするというのは、政治生命を絶つことを覚悟するくらいの勇気が必要である。しかし、あのときの菅直人に、野田のような覚悟があったのだろうか。実現への手順・段取りまで考えたうえでの発言にはなかなか見えないと多くの人が感じた「怪しさ」、それがその後の菅の言動で徐々に証明されていく。勇気ある発言というよりは、「いかにも唐突」という感じで受け止められたのである。

唐突な増税表明は七月一一日投開票の参院選に大きな影響を与えることになる。民主党は改選前の五四議席から一気に一〇議席も減らす敗北を喫した。その結果、参議院では民主、国民新党の連立与党が過半数を割ることになった。衆参の「ねじれ」復活である。不人気の鳩山を菅にすげ替え、小沢を「排除」してV字回復を果たした時点では、民主党の参院選勝利は確実だと見られていた。それなのに増税表明で逆転を許してしまったのである。

その菅は、参院選後の記者会見で「消費税に触れたことがやや唐突な感じをもって国民の皆さまに伝わってしまった」「大変重い選挙戦を仲間に強いることになった。私自身反省している」と述べた。「重い」増税の話を提起するにあたって、どれだけの信念や見通しを持っていたのかという疑問について、この「敗戦の弁」は如実に物語っていた。

考えてみると、これは菅の政治手法のひとつのパターンだった。周囲にほとんど何の相談もなく唐突に政策に関する意思表明を行い、それに対して反発が強いと見るや、発言をトーンダウンさせてしまう。決断に至るまでの周到な検討、準備がほとんど見えないのである。

消費税に関しても、予想外の強い反発に直面してどうしたかというと、参院選後に自民党に超党派協議を呼びかけたうえで、あくまでも「社会保障と税の一体改革」の一環として考えるのであって、決して初めに消費税増税ありきではない、と路線の修正を図った。ということは、少々の反対があっても断固としてやろうというほどの覚悟はないのだな、と逆に国民に見透かされ、さらなる不信感を植えつける結果になった。菅内閣は何度もこの悪循環に陥るが、その最初が内閣が発足してすぐの、消費増税発言だった。

「唐突さ」が身上？

一〇月一日、臨時国会が召集される。菅はその所信表明演説で、今度はＴＰＰ（環太平洋戦略的経済連携協定）交渉に参加する方針を明確に示した。ＴＰＰに参加するかどうかは、賛否が真っ二つに分かれ、政治的にも難問中の難問である。日本農業の将来と密接にからむため、進め方如何では政権の基盤を揺るがしかねないのである。

交渉参加を明言した所信表明演説というのは、国権の最高機関で総理大臣が行うもっとも大切な演説であり、国民への約束の表明である。演説を聞いてここまで言い切ることができるとは、なんと勇気があることだろう、これには必ず「裏」があるに違いないと思った。

小泉改革で切り捨てられた形になった農業団体は、政権交代後、民主党に接近していた。菅がここまではっきり「TPP交渉参加」を言う以上、農業団体と入念な打ち合わせをして、了解を取っているのだろう。具体的には、JA全中（全国農業協同組合中央会）の萬歳章《ばんざいあきら》会長との間で、例えば農業は一〇年間守る、コメなどの関税自由化を徐々に進めざるをえないが、同時に農家を保護する政策をきちんとやる、だからTPPの交渉に参加することは認めてほしい、といった合意ができているに違いないと思ったのである。

ところが、実際にはそうした根回しはなかったことが判明する。そうであるなら、農業団体の意向などまったく顧慮することなく、初めから正面突破しようと腹を括っての発言だったのかということになる。しかし、どうやらそこまでの覚悟も感じ取ることができない。覚悟と段取りのない、単なる「決意表明」であったことが、徐々に明らかになってくる。

怒ったのは農業団体である。彼らはそれまで、TPPのような多国間交渉では日本側の主張が認められにくいから厳しい結果になるが、二国間のFTA（自由貿易協定）なら農業を守れる余地はある、というところまで歩み寄りを見せていた。ところが、いきなりTPPの交渉参加という話になったことで、条件闘争なしの絶対反対に戻り、態度を硬化させてしまった。この点は、沖縄の普天間基地の移設問題と同じで、何とか着地点を見つけようという地道な努力はあっという間に水泡に帰し、オール・オア・ナッシングの状況を作り出してしまったのだ。

菅の唐突な政治手法についてもうひとつ述べておけば、翌一一年七月一三日、彼は官邸で緊急会見を開き、「原子力事故のリスクの大きさを考えると、もはや律することができない技術だと痛感しました。これからは、原発に依存しない社会を目指すべきだと考えるようになりました」と、「脱原発」方針を表明した。しかし、これもまた、内閣として合意を得ていなかったため、閣僚から異論が噴出した。というのも、民主党政権は三・一一以降も原発の輸出を続ける方針を変えてはいなかった。

それだけではない。菅はすでに六月に「若い世代の皆さんにいろいろな責任を引き継いでいただきたい」と事実上の退陣表明を行っていた。辞める総理大臣がなぜ国家の重要政策を左右する発言をするのか、という厳しい批判も出て、結局は政府としては原発依存度を減らしていくということに落ち着くのである。

菅直人は自らの内閣を、同じ山口県出身の長州藩士・高杉晋作が藩士や武士以外の庶民も交えて編成した部隊になぞらえ、「奇兵隊内閣」と命名していた。「幅広い国民の中から選ばれたわが党の国会議員に、奇兵隊のような志を持って、勇猛果敢に戦ってもらいたい」という意味だった。ただ、これまで述べてきたような事態が繰り返されるうちに、「奇兵隊の持ち味のひとつは、逃げ足の速さだった」などと囁かれるようにもなった。わっと攻め込むが、困難に直面するたびにトーンダウンしたり、奇策でかわしたりという菅のやり方を揶揄したものだが、これでは高杉晋作も浮かばれまい。

震災対応を妨げた「官僚排除」

一〇年九月に発生した尖閣諸島沖での中国漁船衝突事件への対応のまずさ、小沢の「政治とカネ」をめぐる問題、衆参ねじれによって生じた法案審議の遅れなどを背景に、六〇％以上を誇っていた内閣支持率は二〇％台にまで急落した。政権維持に赤信号が点滅する中で、一一年三月一一日、東日本を大震災が襲ったのである。

宮古港に押し寄せた津波。2011年３月11日（写真提供：読売新聞社）

まさに政権の危機対応能力が正面から問われる局面だったが、そこでは場当たり的な政治手法とともに民主党政権が掲げた「官僚排除」の弊害をまざまざと見せつけられることになった。

象徴的だったのが、事務の内閣官房副長官だった瀧野《たきの》欣彌《きんや》に、震災対応について一切タッチさせなかったと言われていることだ。一〇〇〇年に一度と言われるような大災害が発生したのだから、官房長官の枝野幸男と政務、事務の副長官がタッグを組んで、官邸の司令塔として対応に当たるのが当然だろう。震災対応に総力を結集すべきだったにもかかわらず、官僚出身だという理由で脱官僚の名の下に内閣の中枢から排除していた瀧野を、復帰させようとはしなかったというのだ。内閣官房副長官というのは官僚組織のトップといってもいいのだから、三・一一に霞が関は触るなと言わんばかりの振る舞いだった。一九九五年に阪神・淡路大震災が発生した際、政府で主導的な役割を果たしたのは事務の官房副長官だった石原信雄だった。あまりの違いである。

阪神・淡路大震災が起こったとき、私は官邸担当だった。自民、社会、新党さきがけの三党連立による村山富市内閣の対応を近くからつぶさに見た。東日本大震災への対応と比較するため、当時を振り返ってみたい。

村山内閣も初動対応は極めてお粗末だった。震災発生は早朝の五時四六分だったが、そもそも被害の状況が総理大臣にさえまったくわからない状態が続いた。仕方のない面もあった。当時は自衛隊機が上空から画像を送るといった技術がまだなかったのだ。だから総理大臣村山富市も、一番の情報源はＮＨＫテレビで、テレビにかじりつくという、今では考えられない状態ではあった。

法的な面からの危機管理である「有事法制」も、まったく未整備だった。例えば、広島の駐屯地から陸上自衛隊の部隊が被災地に向かうため、中国自動車道を通ろうとした。しかし早期の出発であり、部隊全体の高速料金を持ち合わせていない。高速道路の料金所のおじさんは、自衛隊ならお金を払わなくとも通れるなどとは指示されていない。このため、通行を拒否され、神戸まで普通道の走行を余儀なくされたという。

被災地に到着すればしたで、今度は道路交通法が行く手を阻んだ。道路上のガレキの除去は、警察官立ち会いの下でなければ許されなかったのだ。同じく救出に駆り出されている警察官に、そんな暇があるはずがない。事ほど左様に、戦争や大規模なテロ、そして大規模災害時に適用されるべき法律が整っておらず、その結果、せっかく現地に入った自衛隊が、機動的に動けないという状況になってしまった。

確かに法の不備は問題だったが、政治が何もできなかったかといえば、そんなことはなかった。高速道路の話に関して言えば、建設大臣が道路公団に対して、自衛隊の通行を特例で許可するよう指示すればいいだけのことである。しかし官邸の指揮は混乱し、傍から見ていても惨憺たるものだった。東日本大震災が、初めて政権の座に就いたばかりの民主党政権下で発生したように、阪神・淡路大震災が、村山内閣という「小沢一郎憎し」の一点で一八〇度政策の違う自民党と社会党の連立政権下で起こったのも、悲劇だったかもしれない。対応の遅れを指摘された村山総理が発した、「なにぶん初めてのことですので」という国会答弁が、国家的危機管理の乏しさを象徴していたと思う。

しかし、村山内閣の対応が途中から見違えるようによくなったのも事実だった。村山が自らの無力さを悟り、官僚も含めた現場に大きく権限を委ねたのがきっかけになった。石原官房副長官とともに陣頭指揮を執ったのが、自民党の小里貞利《おざとさだとし》だった。小里は北海道開発庁長官兼沖縄開発庁長官として入閣していたが、閣内異動で震災対策担当大臣に就いた。

その小里に村山は、「あなたは神戸に行ってほしい。現場の判断はあなたに任せる。何か問題があったら、すべて私が責任を取る」と言ったのだ。そのとき居合わせた官房長官の五十嵐広三《こうぞう》や石原らは感激したという。総理として自らの無力を悟ったがゆえに、小里に〝全権委任〟することで迅速に対応できるようにしようと考えた。それ以降、指揮権は徐々に整理されていく。広い範囲の東日本大震災と違い、大規模に被災したのが兵庫県のみで、政府は貝原俊民《かいはらとしたみ》知事と二人三脚でやることができたということはあったにせよ、対応の違いは歴然としていた。

この「権限を委ねる」ということが、非常時には明暗を分ける大きなポイントになるが、それだけに難しいところだ。その点、東日本大震災に直面した菅内閣には、同情すべき点がないわけではない。被害は岩手、宮城、福島の東北三県のみならず関東にまで及び、原発事故という未だ経験したことのない次元の違う問題も発生した。しかもこうした大災害に対する危機管理も準備も、ほとんど何もない状態だったのだから。

では、菅内閣は最初に何をすべきだったのか。ひとつはその道の専門家に虚心坦懐に意見を求めることだったのではないか。二つ目は過去の震災でどう対応したのか、歴史に学ぶことだったのではないか。

まず危機管理の専門家を招集する。私なら元警察官僚で初代の内閣安全保障室長を務めた佐々淳行《あつゆき》に声をかけるだろう。阪神・淡路大震災のときに事実上指揮を執った石原信雄も、真っ先に呼ぶべきだった。彼には後になって話を聞くことになるが、遅きに失したと言うしかない。

実は佐々はじめその道の専門家たちは、震災直後から連絡を取り合い、いつ総理官邸から話がきても即応できるように、準備をしていたのだという。原発事故対応も含め、どこにどう司令部を作り、誰を指揮官にして、官邸や関係省庁と現場の市町村の関係をどう整理するかといった、組織作りがまず必要になるだろう。それには自分たちの蓄積したノウハウが生かせるはずだ、絶対自分たちに要請がくるはずだ。そう思って待ち構えていた。しかし、誰にも話はなかった。想像するに、そんな発想はなかったか、あっても、専門家たちは自民党の息がかかっているとして躊躇のようなものがあったのではないだろうか。

原発事故に至っては、菅は自分が東工大で応用物理学を学んだから専門家なのだという過

緊急災害対策本部の会合で、上空から現地視察した模様などを話す菅総理。2011年３月12日（写真提供：読売新聞社）

信からなのか、事故直後に福島第一原発まで乗り込んでいった。総理が入ったことで、現場は逆に混乱してしまった。宰相とは、もっと大きな高みから全体の指揮に当たるようでなければならないだろう。

とにかく目の前の対応に追われ、参与や補佐官を次々に指名していった。それぞれがどんな役割と権能を持っているのか、当事者にさえわからないのだから右往左往するばかりである。指揮系統もはっきりしないため、例えば原発の問題で福島県の知事が相談しようにも、一体誰に連絡したらいいのかわからないというように、いたずらに空回りし、混乱するばかりだったという。

関東大震災と何が違ったか

「歴史に学ぶ」という点で私の頭にすぐに浮かぶのは、一〇万人を超える死者を出した一九二三年九月の関東大震災である。復興の絵を描いた内務大臣（前東京市長）後藤新平がどう対応したかは、『正伝・後藤新平』（藤原書店）といった書物を紐解けばすぐにわかるし、幾多の教訓に満ちている。少し詳しくみてみよう。

まず当時の政治状況だが、震災直前の八月二四日に加藤友三郎総理が亡くなり、二八日に元老・西園寺公望の奏薦によって、山本権兵衛が新しい総理になる。ところが山本は不人気の薩摩出身だったこともあり、遅々として組閣が進まなかった。そこで当時もっとも人気があった後藤新平と、連立内閣を模索する。しかし後藤は、山本が自分の希望する外務大臣ではなく内務大臣にしようとしたことや、山本のところに呼びつけて人事を行おうとするやり方が気に食わず、入閣に同意しない。結局、内閣ができない状態で、九月一日に大震災に見舞われたのである。

すると後藤は、こうしてはいられないとばかりに、それまでの行きがかりをすべて捨てて、

関東大震災直後の東京市内に摂政宮（のちの昭和天皇、左端）を案内する後藤内相（ステッキの人物）（『復興アルバム』〈東京市発行　昭和５年〉より）

山本に協力を申し出る。そして九月二日に発足した第二次山本内閣で、大震災を担当する内務大臣に就いたのである。

新内閣が直面した課題は、被災者の救護と人心の安定だった。震災直後には「朝鮮人が暴動を起こした」などの流言飛語が飛び交い、虐殺事件が起きたりもした。後藤は陸軍大将・田中義一に頼み、陸軍のラッパ部隊に東京市中を回らせることで、人心を鎮めようともした。

人命の救出に全力を挙げると同時に後藤は、東京の復興計画作りに直ちに着手すべきであると考えていた。『アメリカ合衆国史』などを著した著名な歴史学者であると同時に、都市計画の専門家でもあった旧知のチャールズ・ビーアドに電報を打ち、訪日を要請する。実は大震災の発生を知ったビーアドも後藤からの電報が着く前に後藤に電報を打っており、それには「新街路を設定せよ。街路決定前の建築を禁止せよ」と書かれていた。それは後藤の意図していたことでもあった。

後藤は九月二日の夜、大臣親任式が終わって帰邸して直ちに奥二階日本間の一室に籠もり、復興計画を練った。こうして一晩で書き上げたのが、「帝都復興の議」の草案である。その柱は「遷都すべからず」「復興費に三十億円を要すべし」「欧米最新の都市計画を採用して、我が国に相応《ふさわ》しき新都を造営せざるべからず」「新都市計画実施の為めには、地主に断乎たる態度を取らざるべからず」の四つだった。これを基にした後藤の「帝都復興の議」は、早くも六日の閣議に提出された。

「されば今次の震災は帝都を化して焦土と成し、その惨害は言うに忍びないものがあるとはいえ、理想的帝都建設のため真に絶好の機会である」とうたった「帝都復興の議」は、東京の復興を、単に一都市の形態回復の問題ではなく、国の発展、国民生活改善の基礎を形成することでもある、と位置付けた。そのために焦土を全部国が買い上げ、区画整理をして、その土地を売り復興の資金にするというのが、後藤の青写真だった。国による買い上げは、強い反対にあって認められなかったのだが、震災直後にそこまで考えていたわけである。

アイデアを出すだけではなく、各方面の専門家を集めたうえで、後藤は速やかに復興計画に着手する。例えば、隅田川にかかる一〇の橋はことごとく焼け落ちた。そのうち国の橋である六本、相生橋・永代橋・清洲橋・蔵前橋・駒形橋・言問橋を造るにあたって、都市の美観を損なわない、むしろ日本の伝統を踏まえた美しい橋にしてほしいと、専門家にデザインさせる。公園も隅田川に沿ってずっと整備したほか、錦糸町や浜町などには大きな公園、さらに五二の小公園を小学校に隣接させる形で造った。同潤会アパートもこのとき計画されたものだ。

特筆すべきは幹線道路の整備で、まだ自動車による交通渋滞が問題にされていない時代に、一号線から八号線までの環状線（外から「環八」「環七」「山手通り」「明治通り」「外苑西通り」「外苑東通り」「外堀通り」「内堀通り」）を計画した。「昭和通り」「大正通り（靖国通り）」もこのときの計画である。これらを彼が選んだ専門家集団が計画し、実行に移していく。関東大震災から九〇年以上経ったが、今なお全部はできていない。あれだけの惨禍の中で、これだけの壮大な計画を作ったことに脱帽せざるをえない。

その年の一二月二〇日から二四日に開かれた帝国議会で、復興関連予算が成立する。政友会が執拗に反対したために、当初の三〇億から四〇億円という予算案は七分の一に削られたが、とにかく復興に向けた資金は確保された。帝都復興計画法が特別都市計画法と修正されて通ったほか、数多くの復興関連法案も、二〇日過ぎには無事成立した。

こうして九〇年前の事実を並べてみれば、いかに東日本大震災に対する菅政権の対応が遅かったのか、一目瞭然だろう。時代背景も違う、大正時代には原発などなかったと言われればその通りだ。問題は、「後で何を言われようが、今これを断固としてやる」という強い意志が、政治に感じられなかったことである。後藤とて、地主や財界、政友会などの激しい抵抗に妥協した部分もあったが、己が信ずる首都のあるべき姿に邁進した。菅政権の三・一一への対応は、「政治主導」とは名ばかりだった、と批判されても仕方がない。

自民党もダメだった

震災への対応の遅れについては、政権の座にあった民主党や菅直人がまず責任を問われるのは当然である。ただ、責められるべきは政権だけだったかといえば、私は違うと思っている。自民党の対応にも問題があった。

震災からほぼ一週間後の三月一九日、菅は自民党総裁の谷垣禎一に電話して、副総理兼震災復興担当大臣として入閣してほしいと要請した。国家的危機に際し、復興に向けた大連立を組もう、という提案だった。しかし谷垣は即答を避け、「一人で官邸に来てもらいたい」という菅の要請を拒否した。あまりに唐突な提案だと、事実上入閣を拒否したのである。

実は自民党側は、菅が大連立を呼びかけてくることを、ある程度予想していた。しかし連立を組むならば、すでに〝死に体〟の現政権ではなく、「ポスト菅」に持っていこうという動きが、水面下であった。要するに、「政治主導」を振り回す菅のやり方には、とてもじゃないがついていけないということだ。やりにくいだけではなく、ダメなリーダーと一緒に責任を取らされることになったらたまらない、という考えもあった。

そうした背景もあって入閣を拒否した谷垣は、自民党役員会で菅から電話のあったことを報告する。それを聞いた大島理森副総裁以下自民党役員が、事前に何の根回しもなく総裁に直接こんな大事を打診してくるとは何事か、と激怒した一幕もあった。

しかし、当時私はこの自民党の判断は間違っていると感じ、そう発言もした。これが五四年間政権を担ってきた政党の対応、態度なのか、と疑問を禁じえなかった。

起こったのは、一〇〇〇年に一度の天変地異である。加えて、民主党政権は誕生してわずか一年半あまりのよちよち歩きの政権なのだ。突発的な国家の一大事を背負うには荷が重いことは、自らの経験に照らせば容易に想像がつくだろう。私が自民党の総裁だったら、こちらから声をかけた。今は与党だとか野党だとか言っている場合ではない。我々には五四年間政権を担当した経験と知恵がある。一年間政治休戦をして、ともに被災地の救援、復興に全力を挙げようじゃないか——と全面的な協力を申し出ただろう。

あの当時、鳩山、菅と続いた民主党の政権運営に批判は集まっていたが、さりとて自民党が国民の信頼を回復していたわけではなかった。その後、政権を奪還したのも、民主党の敵失という側面が濃かった。もしあのとき連立を組み、「さすがに自民党だ」という成果を上げたならば、その後の政治状況は随分違ったものになっていたのではないだろうか。何より、復興自体がもっとスムーズに進んでいたはずだ。「有事」にもかかわらず、旧態依然の政局的な思惑、党利党略を優先させたという点で、自民党の罪もまた重かった。

三・一一震災復興に関して付言しておくと、私は政府の諮問機関「東日本大震災復興構想会議」の委員として、大震災から三ヶ月半後の六月二五日に提出した報告書「復興への提言」の作成に加わった。その場で強く主張したのは、「仙台で国会を開くべきだ」ということだった。復興予算を審議する臨時国会を、仙台で開くのだ。私は東京都下の八王子市から都心に通っているのだが、東京駅まで一時間一〇分ぐらいはかかる。仙台まで新幹線を使えば、一時間半あまりで到着することができる。やろうと思えばできない話ではないはずだ。

この主張は新聞のコラムにも書いたのだが、あえて仙台でやる理由は以下の四点だ。

第一に国権の最高機関が被災現場で復興に向けた論議をすることは、被災者への激励になると同時に、さきほどのような政争へのブレーキになる。第二に国会議員、秘書、各省庁職員、マスコミが一定期間移動することにより、電力供給が危うい首都圏の節電効果が上がる。第三に観光客を呼び戻す手段になりうる。そして第四に首都機能の分散・移転を考えるきっかけになる。

民主党や自民党の幹部も「それはいいですね」と一応は賛成する。ところが総理官邸は強く反対した。官邸には緊急時の連絡などのために機器があり、それを仙台に持っていくのは莫大なカネと時間がかかる、という理由だった。

確かに国会には、ある種の不文律みたいなものがある。一八九〇年に日本に議会制度ができてから一二〇年の間に、東京以外で国会が開かれたのはただ一回しかない。一八九四年の日清戦争時に、大本営が広島に置かれた。清国と戦うのに、東京では遠すぎたからだ。大元帥である明治天皇も広島に行く。そこで帝国議会も広島で開くべし、という国会召集詔書が出されたのだ。召集時の会期は、一〇月一五日から七日間だった。

一世紀を超える日本の議会史の中で、例外はただ一回、このときだけだった。逆に言えば、旧憲法下ではあるものの、臨時に東京から移った例はあるのだ。東日本大震災は一〇〇〇年に一度の事態なのである。不文律を破ってもいい機会だったのではないか。仙台で国会を開いていたら、被災地の雰囲気も随分違ったと思う。本気でやろうとしているという、政治の意志を示すことにもなったはずである。裏を返せば、被災地、被災者に対して、本当に何とかしなければならないという切実さが、被災地出身の政治家を除いて中央の政治家にどれだけあったのだろうか。

「退陣劇」に見る無責任

菅直人に話を戻そう。彼は消費税増税に言及し、TPP参加を表明した。そうした問題意識はあったのだろう。総理として、いろんなことをやろうとしたことはわかる。わかるのだが、さきほども述べたあまりにも唐突な表明だとか、その後の場当たり的対応だとかを見ると、やはりどれだけの本気度を持って事に当たろうとしたのかは疑問だし、周囲に理解しろといっても、無理な相談だろう。

ただ私には、菅直人という人にはもっと、それ以前の問題があったように思われる。状況が前に進まなかったり、事態が悪化したりするのは、みな他人に問題があるからであり、自分は何も悪くない、という自らに対する「無謬神話」を持っていたのではないか。そのことが政治を停滞させ、さらなる混乱を招いたのではなかろうか。

象徴的だったのが、一一年七月二九日に復興対策本部が「東日本大震災からの復興の基本方針」を決めたときのスピーチだ。

「私はいつも自分の内閣が今必要なことをしっかりやれているのか、あるいはやれていないかということは、注意深く見ているつもりです。この間大震災、そして原発事故への対応について、もちろん一〇〇点とは言いませんが、内閣としてやるべきことはしっかり取り組んでいる。早い、遅いの見方はありますけども、着実に復旧から復興へ物事が進んでいる」

しかし、遅々として進まない復興の現状を考えたとき、強い違和感を覚えたのは、私だけではなかったはずだ。例えば原発の事故対応にしても、悪いのは東電であり経産省の役人である、自分はやるべきことをやっていて何も悪くないといった本音が透けて見える発言だった。村山富市が己の無力を悟って現場に権限委譲した姿勢とは、やはり真逆だったと言わざるをえない。

党内外からの強い批判を受けて「辞意表明」しながら、およそ三ヶ月間、総理の椅子に座り続けた「粘り腰」も、そうした姿勢の反映だったのは明らかだろう。

菅は六月二日の民主党代議士会で、「（大震災と原発事故に取り組むことに）一定のメドがついた段階で、若い世代の皆さんにいろいろな責任を引き継いでいただきたいと考えている」と発言する。野党から内閣不信任決議案を突き付けられ、民主党内にもそれに同調する動きがあって、その日の本会議で可決されるかもしれない、という情勢下での退陣表明だった。それにより民主党内の造反は最小限にとどまり、不信任案は否決された。

ところが菅は、原発事故への対応などを理由に、早期の退陣を否定する。当然のごとく再燃した「菅降ろし」の中、六月二八日に開かれた民主党両院議員総会で、今度は「第二次補正予算案と特例公債法と再生可能エネルギー法案の成立」という三つを、退陣の条件に設定したのである。内閣不信任案の再提出の動きなどが見られる中、正式な退陣表明を行ったのは、八月二六日のことだった。

「退陣演説」で菅は「与えられた厳しい環境のもとでやるべきことはやったという思いだ。東日本大震災からの復旧・復興、東京電力福島第一原子力発電所事故の収束、社会保障と税の一体改革など、内閣の仕事は確実に前進している。内閣としては一定の達成感を感じている」「私の在任期間中の活動を歴史がどう評価するかは後世の人々の判断に委ねたい。（中略）私の考えが国民の皆さまにうまく伝えられず、ねじれ国会の制約の中で円滑に物事を進められなかった点は大変申し訳なく思う」と語った。最後まで、さっきの「自己無謬論」は変わらなかった証である。

かつて大平正芳は、「政治にできることは限られている」ことを自覚し、謙虚に政治を進めなければならないと強調した。自分は常に正しいという姿勢でいれば、政治判断を誤り、多くの国民を不幸にする。残念ながら民主党政権の鳩山にも菅にも、政治家にとって必須の謙虚な姿勢が欠けていたのではないかと思う。

よくテレビの街頭インタビューなどで、「政治は誰がやっても同じだ」と答える人がいる。私は違うと思う。政治のリーダーが誰であるかは極めて大事なことである。運命を分ける決定的な要素になりかねない。もし鳩山が普天間基地移設に関してあんな不用意な発言をしなければ、もし東日本大震災の発生したのが菅政権のときでなかったら、その後の状況はかなり違ったものになっていたのではないだろうか。そういう意味でも、鳩山内閣、菅内閣から学ぶべきものは多い。

第六章

福田康夫にみる「見果てぬ夢」

天の岩戸の「大連立」

福田内閣の出来事

2007. 9.25	国会で第91代、58人目の総理に就任。福田内閣が発足。
11. 2	小沢代表と2回目の党首会談。自民、民主両党による連立政権構想を協議するも、民主党側の反発で不調に
2008. 1.11	新テロ特措法再可決、薬害C型肝炎被害者救済法の成立
1.30	中国製冷凍ギョーザ中毒事件発覚
2.19	海上自衛隊イージス艦と漁船が衝突
3.12	日銀総裁への武藤敏郎副総裁昇格案が国会で不同意
3.19	日銀総裁の政府再提示案不同意で総裁空席に
3.27	道路特定財源の09年度からの一般財源化を柱とする新提案を発表
4.9	白川方明副総裁を総裁にする人事案は可決
4.11	道路特定財源を廃止し、09年度から一般財源化するとの方針を定めた政府・与党決定取りまとめ
5.7	中国の胡錦濤国家主席と首脳会談。東シナ海のガス田問題で大幅進展
6.11	民主、社民、国民新3党が共同提出した首相問責決議が参院で可決
7.8	北海道洞爺湖サミット（主要国首脳会議）で温室効果ガス削減などに関する首脳宣言を発表
8.1	内閣改造と自民党役員人事を行い、党幹事長に麻生太郎氏を起用
9.1	福田総理退陣表明

福田内閣／支持・不支持

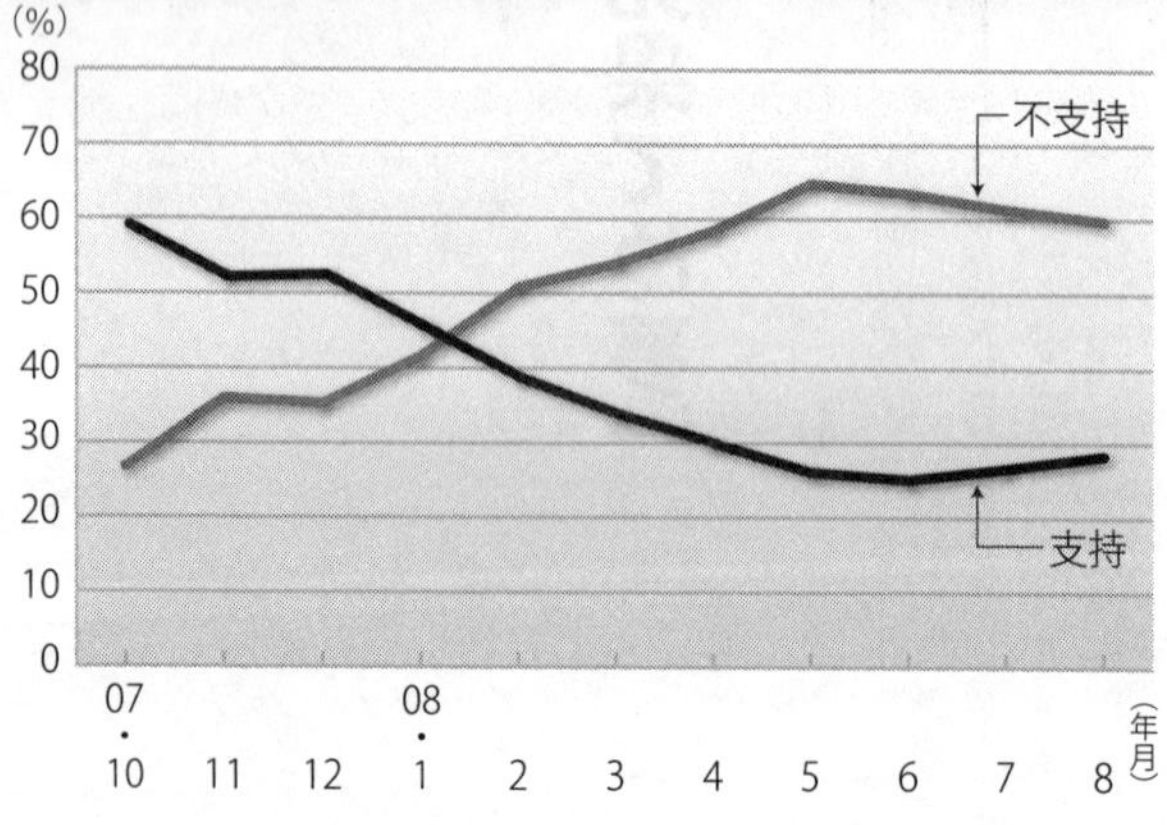

「振り子」の「背水の陣内閣」

第一次安倍内閣以降、猫の目のように政権が入れ替わる状況を見るにつけ、国のリーダーというものは、その時々の政治的状況、国民の期待、そして選ばれる人の政治手法やタイプといった函数の組み合わせによって決まっていくものなのだ、ということを改めて感じる。

二〇〇七年九月二六日に誕生した福田政権はどうだったか。前任の安倍晋三は自分が主導的に物事を決めていくというトップダウン型の総理だった。その前の小泉純一郎もトップダウン型だった。違うタイプの総理を選ぶという自民党の政権交代の歴史から見れば、同じ派閥（福田・森派）から森、小泉、安倍と三代続いたことと並んで、イレギュラーな形で誕生した内閣だったのである。その結果、何がなんでもこれをやるという、「硬質な政治」が小泉の五年五ヶ月、そして安倍の一年間続いたことになる。

すでに述べたように、第一次安倍内閣は、五、六〇年に一度の政治的成果を上げた反面、政権自体は不安定な形に終始した。安倍は、病気が原因で突然辞任を表明するが、後継選びにあたって久方ぶりに「振り子の原理」が働いた。

「恐れず、怯まず、囚われずの姿勢を貫く」と言って「聖域なき構造改革」を断行した小泉、最初の所信表明演説で「私が目指すこの国のかたちは美しい国、日本だ」と宣言して憲法改正にも踏み込んだ安倍。それに対して福田は、「国民への説明責任を十分に果たしたい」「温もりのある政治を行っていく」と、強いリーダーシップをむしろ避けるかのような姿勢を鮮明にした。シャイでいささかシニカルな性格も手伝って、権力が赤裸々な形で行使されることを好まなかった。

福田はしばしば、「性急な改革よりも、中長期的に持続可能な社会を目指す」ことを強調していた。かねてから主張していた「二〇〇年住宅構想」などには、「福田らしさ」が凝縮されていたと思う。「より長く大事に、より豊かに、より優しく」という、この構想のキャッチフレーズは、福田自身が手を加えて仕上げたものという。「より長く」「より優しく」には、小泉、安倍政治とは違うぞという思いも込められていたのだろう。

そんなどちらかといえば「女性的」イメージゆえに福田は、小泉以来の「改革疲れ」を感じていた国民の気分にちょうど合った。自民党総裁選で争った相手は、小泉や安倍のように「上段に振りかぶる」タイプの麻生太郎だったが、支持率で大きく引き離し、特に女性の支持は圧倒的だった。福田支持の多さは当時の政治を取り巻く雰囲気をよく示していた。あのタイミングで福田が総理になったのも、ひとつの時代の要請だったと言えるだろう。

とはいえ、高い支持率に安住していられるような政治状況ではなかった。福田の危機感は、自ら「背水の陣内閣」と名乗り、「一歩でも間違えれば、それは自民党が政権を失う、そういう可能性のある内閣だと思っている」と述べたことからもうかがえる。支持率低下にあえいだ安倍は、あまりにも急な辞任でさらに批判を浴び、自民党には厳しい目が向けられていた。二ヶ月前の参院選で大敗した結果、衆参ねじれの下で政権運営をしていかなくてはならない。新内閣が直面する最大の課題は、一一月一日に期限が切れるインド洋での海上自衛隊による給油活動の継続問題だった。しかし、参議院第一党の民主党は反対の姿勢を崩していなかった。

いきおい福田内閣は、好むと好まざるとにかかわらず、野党との協調を政権の基本姿勢にせざるをえなかった。パフォーマンスを嫌い、政策課題については「静かなる革命」でやり抜くと語った福田だったが、それさえもままならない厳しい環境に置かれていた。

小沢に「踊らされた」大連立構想

ねじれとの格闘を余儀なくされた福田は、徹底した「クリンチ作戦」に出た。野党に抱きつき、何とか譲歩を引き出そうとしたのである。だが、なかなか思うようにはいかなかった。そんな状況下で突如浮上したのが、自民党と民主党の大連立構想だった。持ちかけたのは当時民主党代表だった小沢一郎だと報じられたが、小沢はそれを否定した。しかし仲立ちした渡邉恒雄読売新聞代表取締役会長・主筆は、「小沢の方から出た話だ」と明言している。

福田と小沢は国会運営に関して両党幹事長なども交えた交渉を進める中、一一月二日の党首会談で大連立に踏み込む。そこでは、小沢が無任所の副総理になるほか、閣僚の数は自民が一〇、民主が六、公明一、そして国土交通、厚生労働、農林水産の三閣僚は民主党議員が務める、というところまで申し合わせていた。福田は安全保障などの政策面で、小沢にかなりの譲歩もした。そこまでした裏に、このままではテロ対策の特別措置法をはじめとした重要法案の審議が難航を極める、という台所事情があったのは言うまでもない。

一方、小沢の側には、現状で総選挙になっても、民主党は候補者もそろっていないし、そ

福田総理が小沢民主党代表と連立参加を協議。合意には至らなかった。2007年11月2日（写真提供：読売新聞社）

んなに勝てまい。ならば、今は大連立で実績を作った方が得策――という読みがあったようだ。しかしそれは、自民党に対してはあくまで対決姿勢を貫いて政権交代を果たす、という民主党の基本方針からは、大きく逸脱するものだった。それだけに、福田は「民主党は大丈夫なのか」と何度も小沢に念を押す。それに対して小沢は、「絶対にまとめるから大丈夫だ」と答えたという。

しかし、福田の懸念は的中した。小沢が党首会談の結果を民主党の臨時役員会に持ち帰って諮ったところ、全員に反対されたのである。菅直人も鳩山由紀夫も、執行部の誰もが小沢の考えを知らされていなかったのだから、無理もない反応だった。事前に少しでも話していれば、

連立合意書に正式調印したドイツのメルケル首相（中央）ら（写真：ロイター/アフロ）

成り行きは違っていたかもしれない。トップの自分が決めたことには従うのが当然だ、と言わんばかりの小沢流のやり方が、ここでも仇になった。

二〇一三年一二月末、ドイツではキリスト教民主・社会同盟と社会民主党の大連立による政権が誕生した。日本においても、社会保障や消費税など暮らしや経済の根幹に関わる課題、あるいは国際的なテロ対策への対応など、与野党が歩み寄って取り組まなければならない大きな課題解決のため、大連立が必要になる局面がある。何らやましいものではない。大連立は大政翼賛会だとして端《はな》から否定する声があるが、それは間違っている。ただ、そのためには堂々と大義を掲げ、まず党内論議を重ね、正面から国民に問えばよい。それをやらなかった小沢の失敗には、大変残念な思いがする。

露わになったねじれ国会の「不作法」

大連立に失敗し、ねじれの重荷を背負い続けることになった福田内閣だったが、政権運営の苦難を象徴したのが日本銀行総裁人事だった。現職の福井俊彦総裁の任期が〇八年三月一九日に切れるのに伴い行われた後継総裁選びは、難航を極める。日銀の総裁は国会同意人事で、衆参両院の承認が必要である。ところが与野党逆転状態の参議院が、内閣の提案した人事案を立て続けに否決したのである。

福田はまず、財務省出身で日銀副総裁の武藤敏郎の総裁昇格案を国会に提示したが、参議院で不同意。さらに、やはり財務省出身で国際協力銀行総裁の田波耕治を総裁とする人事案を提出するも、またも同意は得られなかった。その結果、三月一九日以降、

総理官邸で日銀総裁人事などについての質問に答える福田総理。2008年３月10日（写真提供：読売新聞社）

日銀総裁は不在となり、副総裁に任命された白川方明《まさあき》が総裁職務代行を務める事態となった。結局、四月九日に白川を総裁に昇格させる案が衆参で同意された。総裁の空白が解消されたのは、二〇日後のことだった。

総裁・副総裁人事を相次いで否決され、福田は民主党代表の小沢との党首討論で正直な気持ちを吐露する。「誰とお話をすれば信用できるのか、教えていただきたい。（国会対策に）かわいそうなくらい苦労している。（正副総裁四人の否決は）権力、人事権の乱用だ」。

重要人事について、確かに国会のチェックは必要だが、日銀総裁などは内閣と一体でやってもらわなければならない。こうした案件は内閣がイニシアチブを取って決められるべきではないのかという意見にも正当性はあるだろう。国会同意人事は日銀総裁だけではない。三五機関、二三二ポストに達している。こうした人事について、「ねじれ国会」のもとで、その都度、野党が「拒否権」を発動したらどうなるか。それが果たして健全な姿なのかどうか、改めて考える必要があるだろう。

実際、白川総裁の就任は、内閣ではなく野党による「人事」だった。国会の同意が遅れたために生まれた戦後初の日銀総裁の「空位」が、国内ばかりでなく海外からも強い懸念を持って受け止められたのは、言うまでもない。

福田はまた、参議院の問責決議にも泣かされた。国会の問責決議は、参議院において個々の大臣などに対し、その政治的責任を問うことを決議するものだ。後期高齢者医療制度廃止に応じないことなどを理由に提出された福田に対する問責決議案は、六月一一日、参院本会議で可決された。首相としては初めてのことだった。

福田の後の麻生太郎総理も、〇九年七月一四日、問責決議可決の〝洗礼〟を受けた。衆議院の不信任決議と違い、問責決議には総理を辞めさせたり議会を解散させたりという法的な効力はない。しかし、信用できないという烙印を押した総理とは議論してもしょうがないということになって、可決の時点で国会審議はストップし、総理サイドは窮地に陥る。

衆議院の場合、総理を辞めさせる「内閣不信任」という武器があるが、一方で総理には、議員の首を切る「解散」という対抗手段がある。その点、参議院議員は一度選ばれれば六年間身分が保障される。その代わり、首相を辞めさせる権限はなく、問責決議は憲法にも規定されていない。憲法の建前からいっても、参議院は問責決議を行使することには常に抑制的でなければならない。にもかかわらず、衆議院では少数派で内閣不信任を決議できないから、参議院で問責決議を乱発して政権に打撃を与えようというのは、国会の「作法」にもとると言わなければならない。

これは何もどの政党を支持するのかという問題ではない。後に政権交代で民主党政権になると、攻守が入れ替わり、今度はブーメランのように民主党が問責決議の乱発に悩まされる。仙谷由人官房長官、馬淵澄夫国交大臣をはじめとする多くの閣僚に加え、野田佳彦総理に対する問責決議が、自民党など野党の賛成で可決されたのである。与党のときは「問責決議の乱発は問題だ」と言っていた自民党だが、野党になると民主党と同じことをやる。こういう立場によって正反対のことをする「ダブルスタンダード（二重基準）」はよくない。ねじれ国会は、成熟していない国会の姿も浮き彫りにした。

むろん、議会のねじれ現象は日本だけのものではない。例えばアメリカのオバマ政権下でも、上院と下院のねじれによって、国のデフォルト（債務不履行）寸前の事態を招いたりした。「ねじれの作法」という点では、ヨーロッパの政治が参考になるかもしれない。欧州では複数政党による連立は決して珍しいことではなく、与野党が互いに抑制的に議会運営しているという。衆参のねじれが生じるたびに「決められない政治」に陥らないようにするためにも、欧州にも学びながら、早くルールを確立すべきである。

サミットで見せた「福田らしさ」

国会対応に翻弄され続けた福田は、日本をどのような国にしたいのか、そのためにどんな新しい政策を打ち出すかなどを示すことがほとんどできなかった。そのことを私は新聞のコラムで批判したことがある。福田本人からは「今、目の前に抱えている課題をどうするかで精一杯で、先のことまで考えている余裕がないのです」という反応が返ってきた。たぶんそれは、福田の本音だったのだろう。ずっと政権構想を温めてきて、時機到来とばかり総裁選に打って出るというのではなく、急遽リリーフに立ったことの限界でもあったのだ。

そんな福田がリーダーシップを発揮したこともあった。ひとつは〇八年七月に開かれた洞爺湖サミット（主要国首脳会議）である。日本で初めてサミット（東京）が開かれたのは一九七九年六月のことだ。父親の福田赳夫《たけお》は、その半年前の自民党総裁選に現職総理として臨みながら大平正芳に敗北を喫し、退陣を余儀なくされた。サミットの主催者として晴れの舞台に立つことはできなかったのである。わずか一年の任期中に、息子はその栄誉に恵まれたというのも、何かのめぐり合わせなのだろう。

洞爺湖サミットで福田総理の説明を聞きながら記念撮影に向かう各国首脳。2008年7月8日（写真提供：読売新聞社）

この洞爺湖サミットで重要議題になったのが、地球温暖化防止に向けた温室効果ガス削減だった。サミットの開催に先立って、日本記者クラブで「『低炭素社会・日本』をめざして」と題して会見した福田は、「二〇〇年後の子孫たちが、我々の努力を『低炭素革命』と誇らしく振り返れるものにしなければならない」と、彼らしい表現でこのテーマに取り組む姿勢を示した。そして会議では、「二〇五〇年までに世界全体の温室効果ガスを半減する」という長期目標を盛り込んだ首脳宣言を採択した。地球温暖化問題の解決に向けた枠組み作りで、先進国はもとより、中国やインドなどの新興国も中長期的に温室効果ガス排出量の抑制に取り組むという流れが、ここでできたのである。

日中の関係改善が進んだのも、福田内閣の成果と言えるだろう。サミットの前、五月に来日した胡錦濤国家主席は、首脳会談で初めて戦後六〇年余の日本の歩みを評価する発言をする。日本側から見れば、戦前の中国侵略や植民地支配のことばかり言うが、日本が戦後平和国家に徹してやってきたことをどうして評価しないのかという不満がずっとある。それを胡錦濤が来日した際にちゃんと言及した。

「日中は、隣国であり、深い相互依存関係を有するがゆえに、折に触れ問題が生ずることは、ある意味では避けられない。双方が、日中の進むべき道、大局に対する信念を共有し、その中で、問題を一生懸命解決していくことが大切だ」と述べた福田に対し、胡錦濤は「総理の発言に同意する。平和、友好、協力が日中両国の進むべき道であり両国民の利益だ」と応じた。

両首脳は東シナ海のガス田の共同開発でも基本合意に達した。田中角栄が行った日中国交正常化交渉を条約として結実させたのは福田赳夫だったが、息子の康夫もこうして対中国問題を重視し、合意を引き出したのである。

散り際は潔かったが

福田の座右の銘は、「光ありて燿《かがや》かさず（光而不燿）」である。要するに「他人を押しのけてまで出しゃばらない」「周りからやれと言われて動くのが私だ」というわけである。そういう政治家としての態度は一貫していたと思う。例えば「麻垣康三（麻生・谷垣・福田・安倍）」の一人として、ポスト小泉の総裁選への出馬が取り沙汰されたときも、「出るなんてひと言も言ってないんだから、出ないと言う必要もない」と独特な言い回しで、「光而不燿」を実践した。

そして福田は、総理を辞めるときにもその精神を貫いた。周りからとやかく言われる前に、スパッと職を辞したのである。私が見てきた政治家の中で、去り際の思い切りの良さという点で、福田の右に出る人物はいない。福田はそんな〝サプライズ辞任〟を二度やった。

一度目は、第一次安倍内閣の章でも触れた、小泉内閣の官房長官辞任である。福田は自らの年金未納問題が発覚するや、その後一〇日あまりで辞任してしまった。辞める理由については、北朝鮮をめぐって小泉総理が福田官房長官より飯島勲秘書官の意見を取ったからだとか、いろいろ取り沙汰されたが、とにかく辞任論が起きる前に、自ら職を去ったのだ。

ポストに恋々として散々叩かれ、どうしようもなくなって辞める、というのが、政治家の世界にあってもほとんどのケースだが、福田は間違いなく例外だった。人に言われる前に辞めることにより、「潔い」という話になる。辞めた原因が大きな傷となって残らず、事実福田は安倍を継いで総理に上り詰めたのだった。

二度目に「辞任の哲学」を示したのが、総理を辞任したときだ。〇八年九月一日の午後九時三〇分から辞意表明の緊急記者会見を開くのだが、その意思を党の幹部や閣僚に伝えたのは、午後六時を過ぎてからだった。

福田はまず、麻生幹事長を総理官邸に呼び出す。赤坂での自民党茨城県連との会合に向かっていたところに、総理からの急な連絡を受け、何事かと参上した麻生に、福田は「私は今夜辞任を表明しようと思っている。だから総裁選の準備をしてほしい」と胸の内を明かした。「それは早いですね」と驚く麻生に向かって、「私はこういうことを決めるのは早いんですよ」と語ったという。

福田は「人心を一新して、民主党に先手を打つことが大事だ。自民党が政権を維持し続ける可能性に賭けたい」と、辞任の理由を町村信孝官房長官に説明した。そして記者会見では、

「政治的な空白があってはならない。この際新しい布陣の下に政策の実現を図っていかなければならないと判断して、本日辞任することを決意した」と述べた。ただ、安倍晋三に続いてまたもや短命に終わったにもかかわらず、発言がいかにも木で鼻をくくったように聞こえたため、記者から「まるで他人事のようだ」と指摘を受ける。それに対して、「私は自分自身を客観的に見ることはできるんです。あなたと違うんです」という有名なセリフを残し、会見場を後にしたのだった。

これも、福田康夫らしいとしか言いようがない。パッションがないわけではないのだが、そういう独特な表現方法の政治家だった。

第七章

麻生太郎にみる「一五代将軍」

生かせなかった「血筋」という名の財産

麻生内閣の出来事

2008. 9.24	第92代総理に就任。麻生内閣が発足
10. 6	ニューヨーク株式市場のダウ平均株価が約4年ぶりに1万ドル割れ
10.27	日経平均株価がバブル崩壊後の最安値を5年6ヶ月ぶりに下回る
10.31	田母神俊雄自衛隊航空幕僚長を更迭
11.20	「たらたら飲んで、食べて、何もしない人の分の金（医療費）を何で私が払うんだ」（経済財政諮問会議）
12.12	改正新テロ対策特別措置法、改正金融機能強化法が衆院で再可決され成立
2009. 2.17	中川昭一財務・金融相が辞任
3.27	09年度予算、予算関連4法が成立
3.28	「（総理には）どす黒いまでの孤独に耐えきれるだけの体力、精神力がいる」
5.11	小沢民主党代表が辞任表明
5.16	民主党が鳩山代表を選出
5.29	消費者庁設置関連法が成立
6.12	鳩山邦夫総務相を更迭
6.23	「経済財政改革の基本方針2009」を決定
7.12	東京都議選で自民党惨敗
7.13	衆院解散の意向を表明
7.14	参院は麻生首相問責決議を可決
7.21	閣議で衆院解散を決定
8.30	衆院選で自民119議席の歴史的惨敗。総裁辞任を表明

麻生内閣／支持・不支持

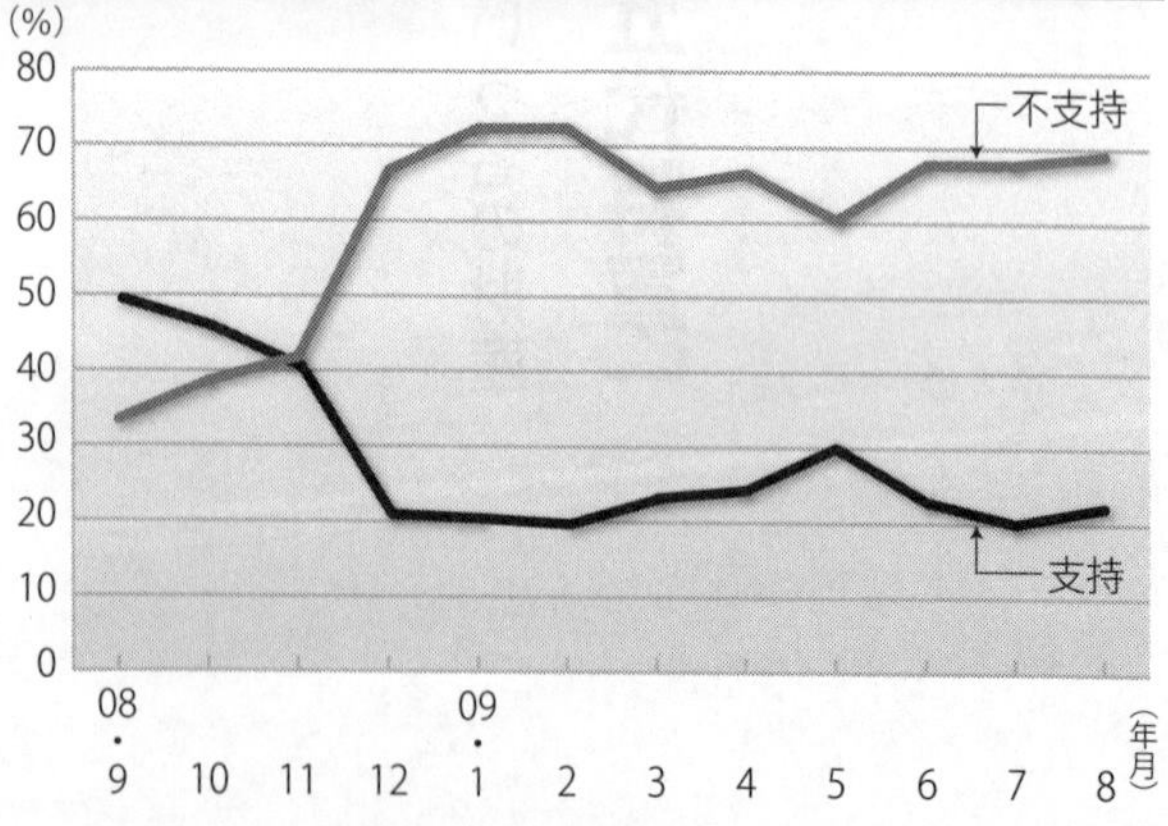

「選挙の顔」として選ばれたのに

二〇一二年に発足した第二次安倍内閣で、麻生太郎は副総理とともに財務大臣、金融担当大臣に任命された。補佐役の財務副大臣に就いたのは、麻生内閣時代には少子化対策・男女共同参画担当大臣を務めた小渕優子だった。麻生は小渕副大臣の発表にあたって、こんなエピソードを披露した。

「副大臣に決まった小渕さんに、『何で一度大臣をやった人間が、副大臣をやるのか』と聞いた。そうしたら、小渕さんに切り返された。『総理をやった人が、どうして副総理をやるのですか』と」

小渕の機転の利いた切り返しに拍手を送りたくなるところだが、後で小渕本人に聞いたところによれば、これは丸ごと麻生の作り話だった。会見から戻ってきて、「どうだ、おもしれえだろ」と、悦に入っていたという。事ほど左様に、麻生は茶目っけたっぷりの政治家なのである。

安倍晋三と比較的仲がいいのも、自民党の系譜からするとちょっと外れていた。同じ「三

青少年育成推進本部の会合であいさつする麻生総理。左は小渕少子化相。2008年12月12日（写真提供：読売新聞社）

世」でも、麻生の母方の祖父は吉田茂であり、安倍の祖父は岸信介だ。自由党と民主党だから、ルーツが違う。政治路線も、麻生がどちらかといえば軍事費を少なくして経済に振り向けるという方向なのに対して、安倍は国を守るためになんとしても憲法改正をという、岸のDNAを継承している。そうした明らかな違いがあるにもかかわらず、なぜか二人は気が合うのだという。そのことを麻生に尋ねると、「成り上がり者はがつがつしてるから疲れる。その点、安倍ちゃんはいい」と平然と言ったという。

そうかと思えば、「ポスト安倍」の総裁選の際の日本記者クラブでの候補者討論で、「大変聞きにくいことですが、あなたの支持率は福田さんの半分程度しかない。女性の支持率ではもっと差がついているんですよ。どうしてだと思います?」という私の質問に、「何ですか、それは。私が女性にもてないっていうことですか」と気色ばんで答えるようなこともあった。

大のアニメファンで、総理大臣専用車の中にマンガがたくさん積まれているといった話は人口に膾炙《かいしゃ》されたが、ちょっとしたユーモア、人間味といったものを感じさせる政治家であることは確かだ。どちらかと言えば座談で魅力を発揮できるタイプだろう。

そんな麻生は福田の急な辞任により、遅くとも一年以内には総選挙が行われる、という状況で総理のバトンを受け継いだ。民主党による政権交代を是が非でも阻止するための「選挙の顔」として選ばれたのが麻生だったのだ。一年前の自民党総裁選挙で、ダブルスコアに近い票差で福田康夫に敗れた麻生だが、〇八年九月二二日の自民党総裁選では、三五一票を獲得し、見事リベンジを果たす。二番手の与謝野馨《かおる》が六六票、小池百合子が四六票、石原伸晃が三七票という圧勝だった。この数字を見ただけでも、どれだけ期待を集めていたかがよくわかる。

この総裁選でも、「振り子の原理」が働いたと見るべきだろう。小泉、安倍とは反対のイメージの、ほっと息抜きができるというか、少しもギラギラしたところのない福田を選んだものの、難局を乗り切ることはできなかった。福田辞任の報を聞いた中曽根康弘元首相は、「議会を乗り切る自信がないと正直に告白して身を引くのは良心的だが、二世、三世は図太さがなく根性が弱い。次の総裁は根っこに不敵さを持ち、知性と見識を持っている人物を選ぶことが必要だ」と読売新聞で述べたが、まさにそのときの自民党内の空気を代表した発言だったと言えるだろう。

かくして、「知性と見識」問題についてはさまざまな意見はあるだろうが、自民党は強いリーダーシップを感じさせる麻生に、党の命運を託したのである。ただし、総理になって彼の「不敵な」キャラクターが生かされたかとなると、なかなかそうはいかなかった。

仇となった解散先延ばし

〇八年九月二四日に発足した麻生政権の支持率は、読売新聞調べで四九・五％。福田内閣の最終盤は、二〇％程度に下がっていたから、健闘と言っていい。

内閣の布陣も、全体として見れば悪くないと見られていた。法務大臣に森英介、与謝野馨が財務大臣と金融担当の内閣府特命担当大臣で、厚生労働大臣・舛添要一、農林水産大臣・

石破茂、経済産業大臣・二階俊博、環境大臣・斉藤鉄夫、防衛大臣は浜田靖一《やすかず》だった。内閣官房長官の河村建夫もまあまあだったし、内閣府特命担当大臣の林芳正（経済財政政策）、甘利明（規制改革）、野田聖子（科学技術政策・食品安全・消費者）、小渕優子（少子化対策・男女共同参画）も、それなりの新鮮さを出せたという印象だった。

ところが発足五日目に、早くも身内に足を掬われる。国土交通大臣の中山成彬《なりあき》が、「成田空港拡張への反対は〝ゴネ得〟だ」「日教組の強いところは学力が低い」「日本は単一民族」といった失言を繰り返し、辞任に追い込まれた。後述するように、この内閣ではその後も失言やスキャンダル、あるいは路線対立による辞任が相次いだ。それが麻生内閣の政権運営に黄色の信号を灯すことになる。

私は本書の中で、たびたび政治家の「運」について述べてきた。麻生内閣について言えば、生まれ落ちたときから、「不幸な運命」にあった。問題閣僚を選んだという自らの任命責任はありつつも、スタート五日目にして信じられない放言で大臣が辞めていくのは不運としか言いようがない。政権発足翌日の九月二五日に、一度は自民党を救い、一時代を築いた小泉純一郎が政界引退表明を行ったのも響いた。これにより、「小泉支持層」が潮を引くように自民党から離れてしまったのである。

さらに、政権の命運に大きな影を落としたのが、世界的な金融危機だった。九月一五日にアメリカの投資銀行、リーマン・ブラザーズが破綻したのを引き金に、ショックは世界に伝播していく。九月二九日には、アメリカの下院が金融危機拡大の防止を目的とした緊急経済安定化法案を否決したことで、ニューヨーク株式市場が史上最大の七七七ドル安を記録し、ヨーロッパや日本でも、株式の大暴落が連鎖した。世界経済は一九三〇年代の世界恐慌の再現とまで言われるような状況となった。当然のことながら、政府もそれへの対応に忙殺されることになる。

実は、福田が辞めて麻生を新しい顔に据えるうえで、党内には暗黙の前提があった。可及的速やかに衆議院の解散に打って出る、という了解である。すでに選挙日程の話が取り沙汰されていたくらいで、言葉は悪いがメッキが剝げないうちに、支持率が高いうちに解散しようという流れはできていた。

麻生自身にもその思いはあったはずだ。事実一〇月一〇日発売の「文藝春秋」一一月号に、「私は決断した。(中略)国会の冒頭、堂々と私とわが自民党の政策を(民主党の)小沢代表にぶつけ、その賛否をただしたうえで国民に信を問おうと思う」「私は逃げない。勝負を途中で諦めない」と、手記を寄せていたほどだ。

ところが、これまで述べたように、想定外の不運な障害が次々に押し寄せ、解散を先送りせざるをえない状況に追い込まれてしまう。実際には、就任後直ちに解散という手はあった。九月下旬の段階でも、もし解散・総選挙になった場合の議席予測は、自民党二一五に対し、民主党二一四だった。このときには、自民、民主がまだ拮抗していたのである。「たら」「れば」の話ではあるが、麻生への交代から時を置かずに解散・総選挙に打って出ていたら、小沢一郎代表が世論の批判にさらされていた民主党に負けることはなかったかもしれない。

秋葉原で就任後初の街頭演説を行い、集まった人たちに手を振る麻生総理。2008年10月26日（写真提供：読売新聞社）

しかし、悪材料に囲まれた環境では、そうしたデータも「今解散すればこれだけ負ける」「下手をすると政権を奪われる」とネガティブな形で受け止められる。裏を返せば、もう少し我慢すれば状況が好転するのではないかという期待がどうしても出てくるものである。加えて、世界的な金融危機を前にして、選挙なんかしていていいのか、直面している問題にしっかり対応したうえで国民の信を仰ぐべきだ、という大義名分論も頭をもたげていた。

その結果、解散という「伝家の宝刀」はなかなか抜けず、環境が好転する気配も見出せないまま、内閣支持率だけが下降の一途をたどることになった。気がつけば、麻生はいつしか解散のタイミングを逸していたのである。

「自民政治の終わり」を象徴する内閣

解散先延ばしは、政権内のいろんな「粗」を表面化させることにもつながった。

例えば麻生には、「漢字の読めない総理大臣」というレッテルが張られた。「踏襲」を「フシュウ」、「未曽有」を「ミゾウユウ」などなど、あまりの誤読に総理大臣の資質に欠けるのではないかとさえ言われたものだ。「KY」というのは、普通は「空気が読めない」という意味だが、それに引っかけて「漢字が読めない」、あるいは「解散もやれない」「経済がよくわからない」総理だと揶揄されるようになってしまった。

麻生は、「本音の失言」とでも言うべき発言の多い総理でもあった。いくつか例を挙げると、〇八年一一月一九日の全国知事会議で、「医師は社会的常識がかなり欠落している人が多い」と言って物議を醸したかと思えば、翌二〇日の経済財政諮問会議で「たらたら飲んで、食べて、何もしない人の分の金（医療費）を何で私が払うんだ」と発言して、医療保険制度を軽視していると批判を受けた。また〇九年三月二一日の「経済危機克服のための『有識者会合』」では、「株屋というのは信用されていない。株をやっていると言ったら田舎じゃ何となく怪しげよ。眉に唾をつけて見られるようなところがある」と、持論をぶつけた。相手は、個人の株式投資を促す必要性を訴えた松井道夫・松井証券社長だった。

さすがに麻生は、こうした自らの失言癖がマイナスに作用したことは認識していて、解散の決意を語った七月二一日の両院議員懇談会では、「自らの失言とか政策立案などでのブレというのが支持率低下になったのではないかと言われている中で、そういうブレが国民に政治に対する不安、不信を与え、党の支持率低下につながったと深く反省している」と、殊勝なところを見せた。ところが、その四日後の二五日に横浜で開かれた日本青年会議所の会合で、「六五歳以上の人たちは働くことしか才能はない。八〇歳過ぎて遊びを覚えるのは遅い」と発言し、またしても高齢者を侮辱していると批判を浴びたのである。

麻生のこうした発言は、一面では正鵠を射ているのかもしれない。「（総理には）どす黒いまでの孤独に耐えきれるだけの体力、精神力がいる」（〇九年三月二八日、高知での地元大学生との意見交換会）などという、なかなか考えさせられる言葉を吐いてもいる。だが、やはり自分の発言の影響力をもっと考えてもらいたかった。総理大臣の発言は慎重のうえにも慎重であるべきで、つまらない失言で揚げ足を取られたりしていたのでは、お話にならない。

支持率低下に拍車をかけたのが、閣僚などの相次ぐ辞任だった。中山に続き、〇九年一月には定額給付金制度に反対して第二次補正予算案採決を棄権した松浪健太が内閣府大臣政務官を罷免される。二月には中川昭一がG７（先進七ヶ国財務大臣・中央銀行総裁会議）で「酩酊会見」を行い、財務大臣を辞任した。続く三月には「国務大臣、副大臣及び大臣政務官規範」に違反した平田耕一が財務副大臣を辞める。五月には今度は鴻池祥肇《こうのいけよしただ》の女性スキャンダル、議員歳費法抵触が発覚して、官房副長官を辞任した。

さらに六月には、西川善文の日本郵政社長続投に執拗に反対する鳩山邦夫総務大臣を更迭せざるをえなくなった。同じ日、戸井田徹が鳩山の更迭に抗議して、厚生労働大臣政務官を辞任した。ちなみに、〇八年一〇月には、一四年の東京都知事選に立候補した田母神俊雄が、集団的自衛権などについて、政府見解と異なる論文を公表したことが問題となって、自衛隊航空幕僚長の職を解かれている。大火事ではないにしても、あちこちでぼや騒ぎが起きているようなもので、これではとても落ち着いて仕事ができない。

〇八年一一月には四〇・五％だった麻生内閣の支持率は、一二月には二〇・九％まで、わずか一ヶ月で半減してしまう（いずれも読売新聞調査）。麻生は求心力を失い、抱えている懸案処理もままならなくなっていく。元自民党副総裁の山崎拓《やまさきたく》は、そんな麻生政権を江戸幕府の末期にたとえて、「今衆議院解散・総選挙をやれば、自民党は大政奉還をせざるをえない。もはや解散する力も、現在の麻生政権にはない」と語ったものだ。結局、「麻生カラー」を打ち出す暇もなく、政権は身内からも見放されていくのだ。

人脈づくりを怠ったツケ

そもそも「麻生カラー」とはどんなものだったのか。麻生は祖父吉田茂が現役の時代から、日本の政治を見て育った。二世、三世議員に対する批判はあるが、そういう蓄積、ＤＮＡを持った政治家が、そんな係累を持たない人たちと交互に政権を担っていくというのも、日本の政治にあっていいだろう。

麻生は、自らの出自に対して誇りを持っている。例えばこんな発言にもそれがにじみ出ている。「一二〇年前の九月二二日、吉田茂が生まれた。彼は六七歳で首相になった。私はその二日前に六八歳になり、二日後に首相になった」。麻生の誕生日は九月二〇日で、麻生内閣ができたのが九月二四日。そんなことを引き合いに出して、しきりに祖父のことを語るのである。

総理就任後、〇八年九月二九日に行った所信表明演説は、型破りなものだった。麻生は冒頭で、「かしこくも、御名御璽をいただき、第九二代内閣総理大臣に就任いたしました」と、いかにも大時代的な言い方をする。「御名御璽」というのは天皇陛下の署名と公印のことだが、かつてこんな言葉を所信表明に使った政治家は一人もいない。さらに、「わたしの前に、五八人の総理が列しておいでです。一一八年になんなんとする、憲政の大河があります」「その末端に連なる今この時、わたしは、担わんとする責任の重さに、うたた厳粛たらざるを得ません」と続けたのである。

この演説は型破りなだけでなく、「天皇の政治利用だ」といった批判も浴びた。だが麻生は、「僕の家はそういう言葉づかいでやってきたんだから、別に改まったつもりはないんだ。ばあさんの夏（加納夏子）さんに覚えさせられ、刷り込まれているのかな」と、まったく悪びれたところはなかった。吉田茂の岳父は昭和天皇の側近・牧野伸顕だったし、実の妹は〝髭の殿下〟寬仁《ともひと》親王に嫁いでいる（信子妃）し、もともと皇室とも浅からぬ関係があった

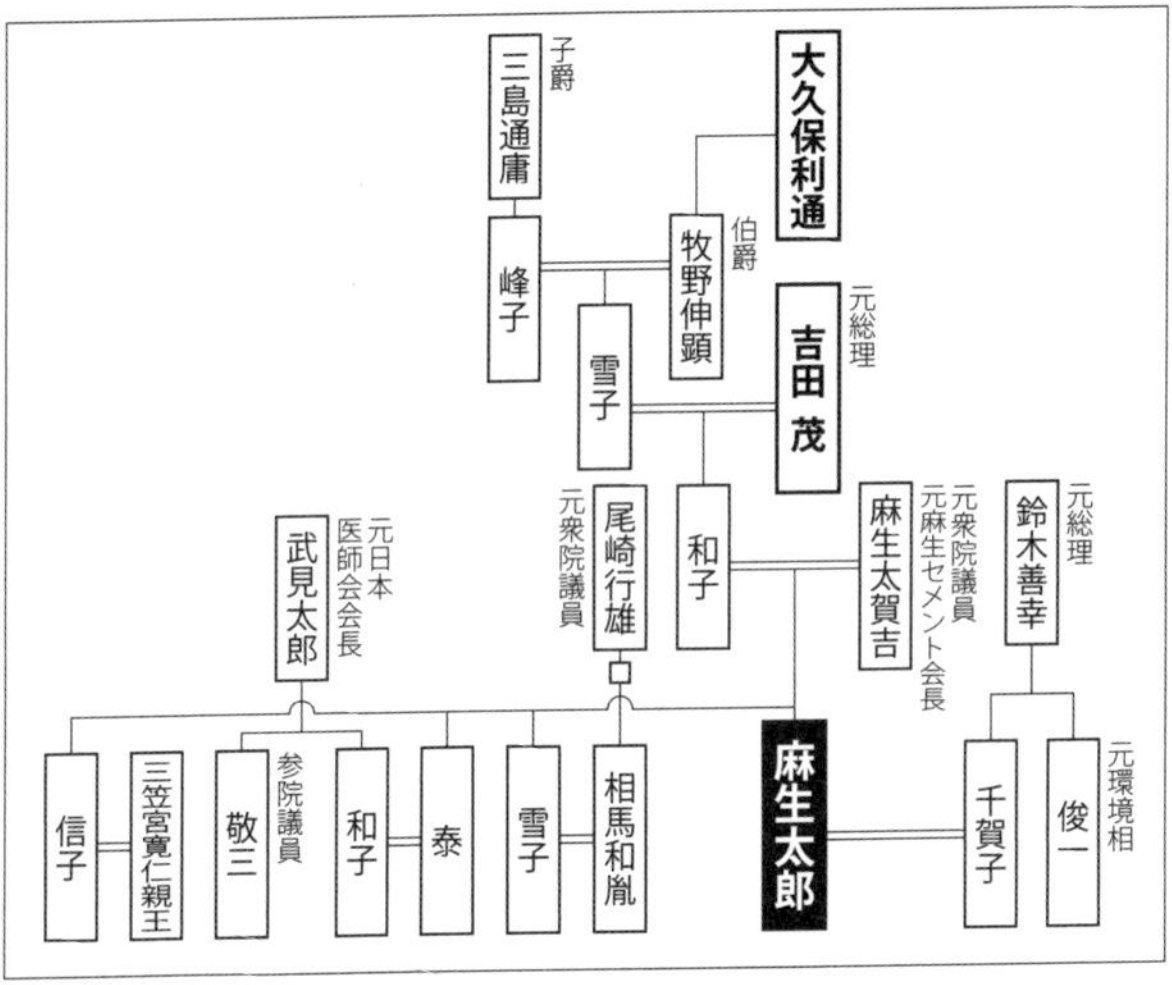

麻生氏家系図

のだ。

「がつがつした成り上がり者」ではない、そんなバックボーンのある人間が腰を落ち着けて政治に携わる時間があれば、結構おもしろいことができたのではないか、とひそかに思ったものだ。政策面では、金融危機に際して中小企業対策をはじめとする経済政策を前面に打ち出した麻生内閣だったが、第一次安倍内閣の外相時代に麻生が提唱した、「自由と繁栄の弧」という外交構想の新しさに私も注目していた。簡単に言えば、民主主義、自由、人権、法の支配、そして市場経済という「普遍的価値」を基軸に、ユーラシア大陸の外周で成長してきた新興民主主義国家を帯のようにつなごう、という考え方である。そうした「価値観外交」を展開することによって、インドや中央アジアなどの国々との関係強化を図り、中国、ロシアを「包囲」しようという意図も秘めた構想と言っていい。

むろん賛否はあったのだが、日米同盟オンリーではない外交構想をしっかり提示したという点で、画期的なものだったと思う。ただし麻生内閣では、訪日したインドのシン首相との首脳会談で日印安全保障協力共同宣言に署名するなどの成果はあったものの、構想を目に見える形で前進させることは、もちろんできなかった。

「麻生カラー」を発揮しえなかった原因が、これまで述べてきたような「不運」や、衆参のねじれという政治状況にあったことは論を俟《ま》たない。しかし、それがすべてだったとは私には思えない。総理大臣を目指すのならば、麻生にはもっとやるべきことがあったはずだからだ。

麻生の場合、支える派閥は小さく、党内基盤はそもそも脆弱《ぜいじゃく》だった。しかし、総理を目指そうというなら、自分を支えてくれる人脈を、派閥を超えて作る努力をしてこなければいけなかった。それが不十分なまま、党の緊急事態に「顔」として担ぎ上げられたことが、悲劇の一因になったのは明らかだと思うのだ。

「自分は政局よりも政策を優先した」「解散の時期は決して間違っていなかった」と、強気を演じた麻生だったが、八月三〇日の衆議院選挙では、自民党は改選前から一八一議席減の一一九議席という歴史的な大敗を喫する。解散のタイミングを逸したツケは、あまりにも大きかった。

教訓は引き出せたか

安倍、福田、麻生と立て続けに一年ほどで瓦解した内閣、特に後二者を率いたのは、「誰なら選挙で勝てるか（負けないか）」を基準に選ばれたトップだった。そのとき、そのときで一番支持率が高く、「国民受け」する人物を「顔」に据える。そこには、確かに時代の要請があった。問題は、担ぎ上げられた側に、「自分が政権を取ったらこれをやる」という骨太な構想とそれに至る道筋、実現するための陣容を入念に準備する時間がなかったことだ。次から次へと「にわか登板」して目先の課題にバタバタと対応するだけ、という政治に終始し、結果的には戦後初の本格的な政権交代につながることになった。

かつて自民党の派閥が影響力を持っていた頃には、「三（三木武夫）、角（田中角栄）、大

三木武夫

田中角栄

大平正芳

福田赳夫

中曽根康弘

安倍晋太郎

竹下登

宮沢喜一

（大平正芳）、福（福田赳夫）、中（中曽根康弘）」や「安（安倍晋太郎）、竹（竹下登）、宮（宮沢喜一）」に象徴されるように、次に控えている総理候補が「いつかは自分が権力を握るチャンスがあるはずだ」と、そのときのために牙を研ぎ澄ませ、切磋琢磨したものである。ところが、第一次安倍内閣が崩壊して以降、そういう意味の権力闘争は完全に影を潜めてしまい、その時々の人気で選んでいくということになってしまった。

「派閥政治」を復活させよというのではないが、人気など「泡」のようなものである。泡はすぐ消えてしまう。どのように総理を生み出していくか、深刻に考えていかなければならない。

あとがき

このたび二〇一四年度の「日本記者クラブ賞」をいただくことになりました。心から身に余る光栄だと思っています。賞をいただいたのはもちろん嬉しいのですが、私には「贈賞の理由」がそれ以上にありがたく思いました。手前味噌になって恐縮至極ですが、引用させていただきます。

〈政治記者として長い経験を重ね、読売新聞に毎月、コラム「五郎ワールド」を連載している。わかりやすく政治の世界を解き明かし、複雑な政治と読者との距離を縮めた。直近の政治だけでなく、老いや病、死といったどの人間も向き合うテーマをとりあげ、自分の死生観、人生観を穏やかに語っている。古今東西の古典や著作を豊かに引用し、歴史に学び、グローバルな広がりを踏まえ、温かい目線で読者の共感を呼んだ。政治コラムの新しい境地を切り開いた。

テレビ・ラジオ番組のレギュラー出演も多く、ソフトな語り口と的確なコメントで本質を突き、視聴者の理解を深めた。世の中の「なぜ」に答え、みずから主張するすべのない人の側に立ちたいという原点を四四年間の記者人生で貫いてきた。新聞離れや活字離れが懸念される中、ジャーナリズムの成熟と新しい役割を示したことは日本記者クラブ賞にふさわしいと高く評価された〉

自分がなぜ新聞記者になろうとしたのか。非力ながらどうありたいと思ってきたか。さらに言えば、どう生きようとしてきたか。この文章がすべて言い表してくれているように思います。過分なまでの評価をいただき、残された人生を恥じないようにさらなる研鑽を積まなければいけないと気を引き締めているところです。

姉妹書ともいうべき『総理の器量』は、妻和子がくも膜下出血で倒れて入院中のベッドの傍らで校正をしました。あれからちょうど二年が経ちました。妻は言葉を取り戻すべく、日々リハビリに励んでいます。だいぶ会話ができるようになってきました。五月の連休には、リハビリも兼ねて家族で二泊三日の台湾旅行をしました。

今度の『総理の覚悟』の校正は、台北のホテルで、妻が眠りに就いてから仕上げました。台北の夜景を見ながら、この二年を振り返り、感慨深いものがありました。廃校になった私の母校の小学校を利用してできた「橋本五郎文庫」（秋田県山本郡三種町）も開館から三年が経ちました。入館者は一万五〇〇〇人になり、蔵書も三万冊を超えました。「母への手紙」コンクールなどさまざまな試みをしています。地元の人たちは生き生きとしているように思います。四月二七日の三周年の集まりには妻も出席し、満開の桜の下で、地元の皆さんに元気な姿を見せることができました。

前著と同じように、中公新書ラクレ編集部の杉山節夫さんには何から何までお世話になりました。原稿の締め切りに遅れ、そば屋の出前のように（と言ってはそば屋さんに叱られますが）、「まもなくできます」と言っては待たせてしまいました。杉山さんの寛容さに助けられました。深く感謝しています。読売新聞編集委員室の阿部匡子さんには、本書ができあがるまで、どれだけご協力いただいたかわからないほどです。心から「ありがとう」と言いたいと思います。

橋本五郎

Chuko Shinsho
La Clef

中公新書ラクレ 496

総理《そうり》の覚悟《かくご》
政治記者《せいじきしゃ》が見《み》た短命政権《たんめいせいけん》の舞台裏《ぶたいうら》

2014年 6 月10日発行

著者 橋本五郎《はしもとごろう》

発行者 小林敬和
発行所 中央公論新社
〒104-8320 東京都中央区京橋 2-8-7
電話 販売 03-3563-1431
編集 03-3563-3669
URL http://www.chuko.co.jp/

本文印刷 三晃印刷
カバー印刷 大熊整美堂
製本 小泉製本

Published by CHUOKORON-SHINSHA, INC.
Printed in Japan ISBN978-4-12-150496-8 C1231

中公新書ラクレ刊行のことば

世界と日本は大きな地殻変動の中で21世紀を迎えました。時代や社会はどう移り変わるのか。人はどう思索し、行動するのか。答えが容易に見つからない問いは増えるばかりです。1962年、中公新書創刊にあたって、わたしたちは「事実のみの持つ無条件の説得力を発揮させること」を自らに課しました。今わたしたちは、中公新書の新しいシリーズ「中公新書ラクレ」において、この原点を再確認するとともに、時代が直面している課題に正面から答えます。「中公新書ラクレ」は小社が19世紀、20世紀という二つの世紀をまたいで培ってきた本づくりの伝統を基盤に、多様なジャーナリズムの手法と精神を触媒にして、より逞しい知を導く「鍵《ラ・クレ》」となるべく努力します。

2001年3月